高中数学教学实践
多视角研究

崔殿青　著

中国原子能出版社

图书在版编目（CIP）数据

高中数学教学实践多视角研究 / 崔殿青著. --北京：
中国原子能出版社，2023.7
ISBN 978-7-5221-2827-6

Ⅰ．①高… Ⅱ．①崔… Ⅲ．①中学数学课－教学研究－
高中 Ⅳ．①G633.602

中国国家版本馆 CIP 数据核字（2023）第 128083 号

高中数学教学实践多视角研究

出版发行	中国原子能出版社（北京市海淀区阜成路 43 号　100048）	
责任编辑	杨晓宇	
责任印制	赵　明	
印　　刷	北京天恒嘉业印刷有限公司	
经　　销	全国新华书店	
开　　本	787 mm×1092 mm　1/16	
印　　张	11.75	
字　　数	199 千字	
版　　次	2023 年 7 月第 1 版　2023 年 7 月第 1 次印刷	
书　　号	ISBN 978-7-5221-2827-6	定　价　**72.00 元**

作者简介

崔殿青，男，生于 1981 年 1 月，山东省垦利区人，中共党员，2005 年 7 月毕业于鲁东大学数学与应用数学专业，获理学学士学位。现就职于山东省垦利第一中学，高级教师、东营市最美教师、东营市学科带头人、东营市教学能手、东营市教育科学研究院高中数学兼职教研员、垦利名师、垦利区高中数学名师工作室主持人、垦利区崔殿青班主任名师工作室主持人。2005 年至今，在数学教学、学生管理、心理健康与心理辅导工作等方面成绩突出，多次参加省市级优质课、"一师一优课"活动，并获得优异成绩，多次执教市级公开课并进行经验分享获得好评，主持或参与国家级、省级、市级、区级课题 8 项，公开发表论文 20 余篇。

前　言

在高中阶段，数学是极其重要的一门学科，随着高考改革的不断深化，高中数学的课程标准也经历了多次变化。《普通高中数学课程标准（2017年版2020年修订）》颁布后，高中数学课程改革更加重视学生素养的培育，高中数学课程改革的"知识—能力—素养"走向已经逐渐清晰。但是在教学实践中，教师们仍能发现许多问题，例如应试教育、机械性训练等。因此，不论是为了更高效地落实从知识到能力、从能力到素养的目标，还是更全面地转变"应试风向"，深入研究高中数学教学实践都尤为必要。

事实上，高中数学教师和教研工作人员对高中数学教学实践的研究和探索从未停歇。缺少对教学实践的分析和研究就无法改进教学方式和方法，更无法满足教学要求，高中数学教育也无法真正有所成效。

随着学者和教师们对高中数学教学实践的不断深入研究，产生了许多不同的研究成果，教育工作者应当分析教育部对高中教育和高中数学教学的要求，结合高中数学教学现状，从不同角度对当今高中数学教学实践改革做出探索，不断反思高中数学教学现状，针对高中数学教学方案设计和教学策略提出可行建议。

本书第一章为高中数学教学概述，分别介绍了数学教学相关分析、高中数学教学重要性分析、高中数学教学现状及其对策三个方面的内容；本书第二章为核心素养视角下的高中数学教学实践，主要介绍了三个方面的内容，依次是高中数学核心素养概述、核心素养视角下的高中数学教学导学案设计、核心素养视角下的高中数学教学策略；本书第三章为新课程视角下的高中数学教学实践，分别介绍了两个方面的内容，依次是新课程视角下的高效课堂教学、新课程视角下高中数学教学与信息技术的整合；本书第四章为深度学习视角下的高中数学教学实践，依次介绍了高中数学深度学习概述、深度学习视角下的高中数学教学设计、深度学习视角下的高中数学教学策略三个方面的内容；本书第五章为有效教学视角下的高中数学教学实践，主要介绍了三个方面的内容，分别是有效教学视角下的高中数学教学设计、有效教学视角下的高中数学教学反思与教师成长、有效教学视角下的高中数学教学策略。

在撰写本书的过程中，作者得到了许多专家学者的帮助和指导，参考了大量的学术文献，在此表示真诚的感谢！

由于作者水平有限，加之时间仓促，书中难免存在一些疏漏。在此，恳请同行专家和读者朋友批评指正！

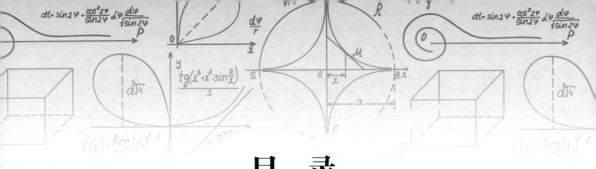

目　录

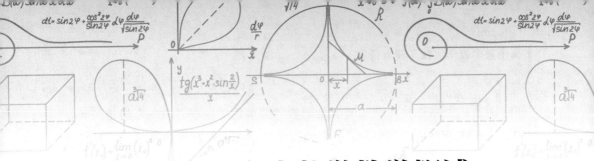

第一章　高中数学教学概述

本章内容为高中数学教学概述，主要从三个方面进行了阐述，分别是数学教学相关分析、高中数学教学重要性分析、高中数学教学现状及其对策。

第一节　数学教学相关分析

一、教学概述

（一）教学的概念

关于什么是教学，有人认为教学就是传授知识、技能；有人认为教学就是上课；也有人认为教学就是智育。这些观点粗看起来不无道理，但深究起来不难发现，这些观点都没有揭示出教学的科学内涵。从第一种观点来看，传授知识和技能固然是教学的首要任务，但绝非唯一任务。同时，教学是包括教师的"教"和学生的"学"的双边活动，而传授知识和技能只反映了"教"一方面的活动，却未能反映"学"的活动。第二种观点是从教学的组织形式来给教学下定义，但这也不完整，因为教学除了以课堂教学为基本组织形式，还有其他的组织形式，所以教学不能等同于上课。第三种观点，"教学"与"智育"是既有区别又有联系的两个概念，教学是学校实现教育目的的基本途径，属于学校教育活动（或工作）的范畴，它与学校其他工作，如思想政治工作、体育卫生工作、后勤管理工作等并列；智育则是社会主义全面发展教育的组成部分，属于教育内容的范畴，与德育、体育、美育、劳动技术教育并列。

教学除了要完成智育的任务，还要完成其他教育的任务，是全面发展教育的具体实施方式或途径。智育除了以教学作为主要途径，还有其他途径，如课外教育活动、社会实践等。因此，智育和教学并非对等、同一的关系，二者是部分交叉的关系。

因此，上述三种观点实质上是把教学简单地等同于"教书"的传统教学观，这在理论上是不完整的、模糊的，对教学实践和教学改革等是一种极大的束缚。

教学的科学含义应当是：教师在正确、科学的教学方针指导下，引领学生积极主动地参与课堂学习，系统科学地对相关知识技能进行学习，培养其兴趣爱好，指引学生树立正确的价值观，促进学生德智体美劳全面发展。教学是一种最基本的学校教育活动，其目的不仅是帮助学生掌握相关的知识技能，更是培养、促进学生形成良好的思想品德。教学的目的是教书、育人，二者缺一不可。

教学与教育这两个概念之间也是既有联系又有区别的，是部分与整体的关系，教学是包含在教育之内的，是学校进行教育的一条基本途径。

（二）教学的特点

教学是学校进行全面发展教育的基本途径，是教师教、学生学两方面活动的统一，教学的特点有以下几方面：第一，教学以培养全面发展的人为根本目的，教学通过系统知识和技能的传授和掌握，促进学生身心的发展；第二，教学由教与学两方面组成，教学是师生双方的共同活动，教学双方在活动中相互作用，教师的教服务于学生的学，学生的学是在教师指导下的学习；第三，教学具有多种形态，是共性与多样性的统一，教学具有课内、课外、班级、小组、个别化等多种形态，教师和学生共同进行的课前准备、上课、作业练习、辅导评定等都属于教学活动；第四，学生的认识活动是教学中的重要组成部分。

（三）教学的意义

教学是实现教学目的的唯一途径，是贯彻落实教育方针的具体实践办法，起着教书育人的重要作用。其具体意义如下。

第一，教学是指导学生系统学习科学文化知识，培养相关知识技能最有效的手段，是促进知识流通、推进社会发展最有效的方式。

第二，教学是实现学生个人素质全面发展、完成教育培养目标的重要方式，是提升学生的思想道德素质以及发展其个性的重要环节。

第三，教学是学校教育工作的重点及中心任务，学校必须要坚持"教学为主，全面安排"的原则，毫不动摇教学在学校工作中的中心地位。

二、数学教学概述

（一）数学教学的概念

从教学一词的语义上分析，数学教学是数学活动的教学，在这个活动中，使学生掌握一定的数学知识，习得一定的数学技能，经历数学的活动过程，感受数学的思想方法，发展良好的思维能力，获得积极的情感体验，形成良好的思想品质。

人们对数学教学的认识是不断发展和深入的，有些认识更加符合数学教学的规律，如强调师生双边活动；强调师生在数学教学活动中共同发展；强调数学教学不仅是知识的教学，还应该提高学生对数学及其价值的认识；关注情感因素在数学教学活动中的作用；全面认识教师在数学教学活动中的角色；等等。

苏联数学教育家斯托利亚尔将数学教学定义为数学（思维）活动的教学[①]。他认为数学教学可以被理解为思维活动的教学，而不能单纯地将数学教学当作数学知识的传授，数学教学的重点应当是培养学生的思维逻辑，帮助学生养成勤于思考的意识，只向学生传授数学知识明显是本末倒置的，这样会忽视了数学教学的真正目的。在现代的素质教育理论体系中，培养学生独立思考的能力，以及增强学生的创造性能力已然成为最重要的教学任务，数学教学恰恰是具有培养学生思维逻辑能力的重点学科之一，因此数学教学在整个教学体系中的重要性越来越高。但在当前的实际教学及教材课本中，都将数学教学的重点放在了数学公式以及结论结果之上，以至于忽视了最为重要的数学思想以及解题建构的逻辑内涵。为了更好地达到数学教学的效果，教师应该认真仔细地设计教学过程，从而帮助学生了解并掌握数学思想的实质内涵，提高学生的思维逻辑水平。

（二）数学教学的特点

1. 突出知识性的具体目标

（1）大纲、课标对知识提出不同的目标要求

在我国，教学大纲用以指导各学科的具体教学工作。教学大纲是国家教

[①] 单风美. 高中数学教学方法研究与实践［M］. 天津：天津科学技术出版社，2018.

育行政部门制定的教学指导文件，其内容包括相关课程的教学目的、教学目标、教学要求、教学内容以及作业分配安排等，当前教学大纲也被称为课程标准。数学也不例外，教学大纲对数学教学的具体工作进行了科学而又系统的规定，按章节、课题对数学教学的具体教学内容和教学计划进行了详尽的罗列。教学大纲还明确规定了数学课程的任务和目标，对数学课程的目标做出了横向和纵向两个方面的陈述，横向目标包括知识与技能目标、数学思考目标、解决问题目标、情感与态度目标；纵向目标是以横向目标为依据，对横向课程目标进行拆解并制定出的分学段目标。

（2）教学过程中对目标细化具有可操作性

各级教研部门为了将大纲所提出的教学任务目标落实在学校具体的课程教学工作之中，会依据实际教学工作的需要，对大纲所提出的笼统概念进行系统的拆解和详细的补充描述，提高教学目标实现的可操作性。

（3）每章、每单元和每节课都有细致的目标

为了更好地完成教学大纲所规定的教学目标，学校和教师会将教学目标进行再细化的处理，将总的教学目标按学校班级的实际情况进行再拆分，为每一章、每一节乃至每一堂教学课程都制定了相应的教学目标，同时依据这些已经被细分的教学目标编写教案，设计出切实可行的教学步骤，并严格遵循教案进行课程教学。对教学目标的落实不仅包括课堂教学环节，还包括课堂例题以及课后作业的安排布置，课堂上教师根据学生的知识背景和理解水平选择经典例题，对所选经典例题的具体解法进行系统的拆分讲解，强调题目重点并总结难点、易错点；在课后作业的布置上，选择模仿性练习题、运用性练习题等体现不同目标层次的数学习题，加强学生对上课所学内容的运用，确保教学目标落到实处。当前对教学目标完成情况的检测方法主要是以考试成绩来确定的，因而导致教学工作很容易落入应试教育的漩涡。

（4）忽视育人的大目标

相较于国外，国内的教学大纲更多地将教学目标以及教学重点放在了传授学生知识与技能之上，以至于在实际教学工作中，学校教师也会将教学重点放在传授学生科学知识和结论结果之上，忽视了育人的大目标，忽略了提高受教育者自学能力、创造性能力等其他诸方面素质的大目标。在数学教学的学科内容上，我国与西方也有较大的差距，我国的数学教学内容局限在数

学这一个学科之中，内容范围较为狭窄，忽视了各学科之间联动性的问题。而西方在数学教学过程中，会对数学以外的、与数学有联系的学科进行拓展讲解，从而增加学生的知识广度，培养其逻辑思维能力。

2. 长于由"旧知"引出"新知"

我国数学教学的主要方法为由"旧知"引出"新知"，在具体的教学课程中强调循序渐进，具体表现为在具体的教学设计中，会对课程计划进行合理的安排布置以确保教学内容的连贯性；在具体的教学工作中，会在课程开始前带领学生对旧知识进行复习，再引出本堂课程所要教授的新知识。这种教学逻辑非常契合人的认知规律，有利于知识体系的构建，每堂课既会温故也会知新。学生可以加深对"旧知"的记忆和思考，查漏补缺，同时，在对"旧知"深入思考的过程中往往会产生新的困惑疑问，教师可通过学生的这些疑问自然而然地引出"新知"。

由"旧知"引出"新知"会大大提升学生的课堂积极性，培养其深入思考的能力。在对"旧知"产生困惑以及用"新知"去解答困惑的过程中，不仅可以激发出学生的求知欲，而且可以增加学生的成就感，提高其对"新知"的理解和运用能力，帮助学生从被教育者转变为课程教学的参与者，从而大大提升学生的学习主动性。但在实际的教学工作中，相当一部分教师会忽视由"旧知"引出"新知"这一过程，他们在说完"旧知"之后会直接将"新知"告诉学生，并不强调新旧知识之间的内在逻辑。这样会使得学生的课程参与感不强，从而导致形成"填鸭式"的教学形态。因此，教师应注意此类教学方法的弊端，防止出现"填鸭式"教学。

我国高中的数学课堂还需要加强对由"实际问题"引出"新知"的探索。相较于我国由旧知识点引出新知识点的教学逻辑，西方国家更重视由现实中的实际问题以及其他课程中与数学有联系的相关内容引出"新知"，使得数学学科与生活的联系更加紧密，更能提高学生的实际动手和解决问题的能力，以及学生对"新知"的运用能力。从逻辑内涵上来讲，西方数学教学的本质逻辑依然是由"旧知"引出"新知"，只不过对"旧知"的定义没有局限在具体知识点上，而是将其延伸拓展到了实际问题之中。理论联系实际，从而加深学生对"新知"的记忆；"新知"联系其他学科，从而拓展学生的知识面。因此，我国的高中数学教学需要加强由"实际问题"引出"新知"

这一环节。

3. 注重新知识内部的深入理解

在数学的学习过程中，学生在学到了新知识后，还需要进一步对新知识进行思考，不能只停留在表层，要对其深层次的知识内涵进行参悟，从而达到学以致用的应用水准。对新知识进行深层次的理解主要有两种方法，第一种方法是咬文嚼字，即对数学公式以及数学习题进行细致入微的分析，对解题步骤进行逐条逐点的分析理解，并对相关题目进行模拟练习；第二种方法是利用变式教学，通过再学习新的知识点，梳理新旧知识点的内在逻辑联系，从而加深对相关知识的深层次理解。

教师和学生还需要加强理论联系实际。任何知识都不是凭空产生的，所有知识都是在实践过程中总结出来的，所有知识也必将应用于实际问题的解决之中，因此，在学到新知识之后，要深入思考知识所蕴含的内在价值，将学到的知识与日常生活联系起来，要重视对数学价值和作用的理解，加强理论联系实际能力的培养，从而做到用课堂所学解决实际问题，进而提升综合素质。

4. 重视解题和关注方法、技巧

（1）重视解题是我国数学教学的重要特点

由于我国对教学目标的完成情况主要是通过考试成绩来进行判断的，因此我国的高中教学十分看重学生的解题水平，关注学生对解题方法的掌握程度，关注学生对概念以及公式的运用程度，这对于夯实学生的基础有着很大的积极影响，对知识体系的建立有着很大的作用。

（2）需要重视源于数学外部非常规问题的解决

欧美等西方发达国家在数学教学中非常重视数学与实际问题的联系，强调数学的工具作用，强调以数学为工具解决现实生活中存在的问题，同时在具体的授课过程中，教师也会向学生展示数学与生活的联系，以及指导学生如何用数学来解决实际问题，布置的课后作业也大多从实际问题出发，鼓励学生尝试将数学知识应用于实际，并发散思维，扩展数学的实践应用范围。我国也需要重视此方向，将数学知识应用于实际是我国目前所欠缺的，不应将数学拘泥于课本之中，要鼓励学生勇敢地走出课堂，活学活用，灵活地运用数学知识解决外部非常规的问题。

5. 重视巩固、训练和记忆

（1）及时巩固、强化练习是我国数学教学的重要特点

我国的数学教材每章、每节后都设有练习题，教师在每堂课结束之后也会布置相应的课程作业，在每学期还会组织考试，这些都是为了加深学生对知识的掌握，确保学生对知识的理解和运用，切实保证学生学到了并且学会了知识。作业以及考试的重要性不言而喻，它们可以保证学生的基本功足够扎实，但也可能会出现过犹不及的情况，造成学生的负担过重，反而会导致学生产生厌学情绪。

（2）我国的数学教学强调记忆有法

我国的数学教学强调学生去背诵数学公式、口诀、解题方法以及解题步骤。强调记忆有助于加深学生对基础知识的记忆，帮助学生更快地记牢这些知识内容。但此举的弊端也很大，有些学生虽然记牢了这些基础知识，却不懂得如何灵活运用，从而导致思维僵化，只懂得模仿，不懂得创新。

（三）数学教学的意义

数学作为高中教学中的必修课程，其重要性不言而喻。学好数学有助于塑造观察实验、逻辑推理等能力，因此，数学教学的意义并不仅限于相关知识内容的传授，更在于教的过程性和创造性。教师不应该仅仅是知识传播者，更应该是学生逻辑思维塑造的引领者。

数学教学应该是一个双向的过程，教师为学生传道授业解惑，引领学生发散思维、勇于探索，帮助学生提升其逻辑思维能力和数学成绩。同时，教师在授课过程中及时接收学生的反馈，发现自己授课中存在的不足，查漏补缺并加以改进，从而达到教师和学生共同进步的效果。

第二节　高中数学教学重要性分析

一、高中数学教学的特点

（一）高中数学教学的抽象性

随着时代的发展，数学学科越来越重要，人们越来越意识到数学不仅仅是一门抽象的学科，更是一门与我们生活息息相关的学科。数学被誉为一切

科学的基础，科学理论的大爆炸离不开数学的先行铺路，其每一次重大进步都有数学这门学科在做强有力的支撑，可以说没有数学就没有当今的科技进步发展。当前我国各行各业对数学的需求越来越大，数学的抽象性应用对行业进步发展的重要性不言而喻，但我们对数学在应用上的发挥还不够充分。

数学是一门高度抽象的学科，因此，数学被誉为培养逻辑思维的重要渠道。学习数学并不是单纯地学习知识，更是学习其内涵的抽象思维，学习将实际问题抽象剥开，在面对错综复杂的问题时能够迅速抓住其本质内核，高效且有效地解决实际问题。

（二）高中数学教学的严密性

数学是一门高度严密且严谨的学科，任何一个小数点、任何一位数字都将决定数学结论的正确与否。因此，在数学教学的过程中，要着重强调数学的严密性，告诫学生不能忽视任何一处小问题、小瑕疵，同时在实际教学的过程中，教师也应仔细斟酌数学语言，尤其是在对有关数学定理以及数学定义进行阐释的时候，不容许有含糊不清，更不能疏忽大意，否则将对实际教学效果产生极其重大的危害。

高中数学同样具有严密性的特点，在应用中更是如此，不论是解题还是运用数学解决实际问题，都要求推导过程必须严密严谨，不容许有丝毫的含糊，否则所得结论将跟实际结果天差地别。这就要求教师在高中数学的实际教学工作中，注重对学生严谨性的塑造，培养其逻辑严谨的思维意识，教师还要引导学生注重数学解题的过程，让学生意识到解题步骤与题目结论同等重要，没有严密严谨的解题步骤就无法推导出正确的结论，只有这样学生才能学好数学。

（三）高中数学教学的应用性

建立并应用数学模型是数学学科在应用过程中的重要一环，这就要求教师在挑选例题时仔细把关，选择出最具代表性的经典例题，通过对经典例题的详细拆解，帮助学生建立起数学模型，使其更好地将所学内容拓展延伸。因此，数学教学要重视对思维的培养，让学生的思维变得更敏捷、头脑变得更灵活。

1. 数学具有广泛应用性

如今，数学在各行各业有了相当广泛的应用，数学理论的进步极大地促进了科技进步。对高中数学而言，高中数学所传授给学生的仅为基础性学科知识，其目标也仅是帮助学生掌握相关基础知识的实际运用。所以在实际的教学设计环节，要从数学教学范围的广度出发，不必过分拘泥于数学问题的深度，要着重培养学生的逻辑思维能力，帮助学生更好地将上课所学应用于实际生活中。

2. 数学应用具有普遍性

数学是一类常青的知识，从古至今我们对数学的应用从未停止。随着我们对数学学科的了解加深和对数学研究的不断深入，越来越发现数学应用的普遍特性。数学是一种科学的语言，小到解决加减乘除的算术实际问题，大到解释自然现象、推动科技革命，都离不开数学的实践应用，无处不在的数学助力我们认识并改造世界。因此，教师在授课过程中应重视将理论联系实际，培养学生认识并能实际应用数学的工具作用。

3. 数学教学应培养学生应用数学的意识和能力

高中数学的教学目标并不是培养出出色的数学家，而是培养学生应用数学的意识和能力，让学生认识数学并能在现实生活中出色地运用数学来解决实际的问题，为日后步入大学校园学习高等数学打下坚实的基础。

二、高中数学教学的作用

（一）高中数学教学为学生的进一步发展奠定基础

高中数学教学不是全民教育，是进一步提高文化科学素质的数学教育。但是，高中数学教学仍然属于基础教育，所以高中数学教学具有基础性。首先，经过高中数学教学，学生可以获得更高的数学素养，以适应现代生活。其次，高中数学教学可以更好地改善学生的数学思维和价值观。数学是锻炼思维的体操。学生通过高中数学课程的学习，可以建立和掌握空间观念及函数、极限、算法等重要的数学思想和方法，在形象思维、直觉思维、逻辑思维等方面得到更大的提高，更有利于从数学的角度认识问题、分析问题、解决问题。同时，在接受高中数学教育的过程中，通过解决更加具有挑战性的、具有更加丰富情景的数学问题，学生可以进一步提高辩证唯物主义认识能力，进一步培养实事求是、严谨认真、团结合作、质疑创新等良好的个人品质。另外，高中数学教学有利于提高学生的交流能力。高中数学课程进一步丰富了学生的数学语言，包括集合语言、算法语言、初等函数术语、三角函数术语、概率统计术语及图像等重要语言资源，更有利于学生养成用数学思维进行思考、交流、做事的习惯。最后，高中数学是学习其他科学的基础和升学深造的基础，无论是学习高中其他课程还是进入大学学习，任何一门学科几乎都离不开数学，因此，高中数学教学是承上启下的数学教学，是影响学生和谐发展的教学。

（二）高中数学教学能培养学生的思维能力

当前我国的相当一部分数学课堂还停留在应试教育的范畴之下，一方面是由于长期的应试教育规定所带来的影响仍未消散，另一方面则是由于考试成绩仍然是评判课程教学目标完成情况的唯一标准。正因如此，相当一部分教师在授课过程中仍旧只强调数学的解题功效，对相关题目的解题思路进行细致入微的讲解，而对如何利用数学解决实际问题却只字不提，仅仅要求学生牢记解题的知识点，长此以往是不利于学生思维能力的培养的。因此，这便要求高中的数学教师转变以往的观念，要用当前素质教育的目标重新定义高中数学教学，要认识到高中数学教学并不仅仅是教会学生如何做题，更重要的是培养学生的思维能力，只有这样才能不被称为"读死书"。培养学生的思维能力同样也是在培养学生的动手以及创新能力，这对学生学习其他科目，将来步入大学以及日后的工作生活都将产生积极的促进作用。

（三）高中数学教学能实现育人作用

在高考这根无形的指挥棒的作用下，高中数学教学中容易形成"重知识，轻教育"的"一手硬，一手软"的现象。专业知识在课堂教学中是很重要的，如何强调都不过分，但在强调专业知识的同时，不能忽视德育知识的教育作用。德育知识的教育作用是很重要的，也是素质教育的目标。教师的职责就是通过专业知识的教学从侧面揭示现实世界，反映人类文明，这本身就是教育。数学教师要做到既教书又育德，就需要艺术，做到以真育人，以情感人，以德服人。

单单看数学课本，各种数字和字母会给人眼花缭乱之感，学生若看不懂，很容易产生厌学情绪，这便考验我们的教师团队所设计的教学方案了，要确保寓教于乐，吸引学生的目光，让学生的注意力以及关注点牢牢地放在课本之上。实践证明，一堂风趣幽默、寓教于乐的数学课远比一节干巴巴讲授知识点的数学课更受欢迎，且容易"亲其师，信其道"，能够在完成教学任务的同时，融洽师生感情。

三、加强高中数学教学的重要性

（一）加强高中数学教学是时代的要求

我们处在一个科学技术迅猛发展的时代，数字化浪潮考验着我们对信息处理的能力，几乎所有的现代大型企业都对数学人才有着极大的需求，数学在各行各业中的应用越来越广。不论是企业销售时所需的数据运算，还是用户群体的模型创建，都离不开数学的帮助。因此，高中的数学教育必须要加强。

（二）加强高中数学教学是数学学科自身特点的要求

1. 高度的抽象性

仅从表面上来看，数学这一门学科就是数字加字母，似乎与现实世界的联系并不紧密，但透过表面看其内核，数学正是利用这些数字、字母以及一个个抽象的图形将客观现实世界中的数量层级以及空间形式表述了出来。这便是数学语言的精髓所在——舍弃一切无用的形式，将客观现实中的实际问题数字化、符号化，帮助人们更好地拆解问题，帮助人们更快地抓住主次矛盾。高中数学教学就是为了培养学生的这种抽象思维，从形式来讲，数学的抽象性主要表现为多层次、符号化、形式化，更好地理解抽象化，才能更好、更快地学习数学。

2. 严谨的逻辑性

数学具有抽象的特征，因此，对数学结论的验证往往只能通过判断它的推导过程是否具有严密的逻辑自洽能力来判断结论的正确与否。一旦推导结果无误，在推导逻辑上也可以形成完美的闭环，我们就可以说这个数学结论是正确的，而数学学科的一个最大特点便是经推导证明无误的数学结论可以直接拿来应用，通过这个已经被证实无误的结论再去推导其他数学问题。由此可以看出，数学是一门建立于严谨的逻辑推理和论证之上的学科，因此，在培养学生的过程中，要加强对学生分析推理以及论证等逻辑思维能力的培养。

3. 应用的广泛性

数学和我们每个人的生活息息相关，其在科学研究中的地位也是毋庸置疑的，人们的日常生活和工作都离不开数学的应用。数学具有很强的工具特性，可以用来解决很多的现实问题，同时数学也被誉为科学的语言，在每门科学的研究实践过程中都离不开数学，尤其是在定量问题的研究上，数学是一个很好的工具，可以更好地对量与质进行界定描述，从而帮助学科快速发展。

高中数学的重要性同样巨大，学好数学可以帮助学生在物理、化学以及其他学科的学习上取得突破，学习数学所培养锻炼出的逻辑思维能力并不单单能应用于数学，还可以应用在其他学科的学习上。因此在设计高中教学的目标时，要充分考虑数学应用的广泛性。

4. 内涵的辩证性

数学中包含丰富的辩证唯物主义思想，揭示了唯物辩证法的许多基本规律。数学内容中充满了相互联系、运动变化、对立统一、量变到质变的辩证法的基本规律。例如，正数和负数、常量与变量、必然与随机、近似与精确、收敛与发散、有限与无限等，它们都互为存在的前提，失去一方，另一方将不复存在，而且在一定条件下可以相互转化。数学方法也体现了辩证性，例如，数学中的极限方法就是为了研究和解决数学中"直与曲""有限与无限""均匀与非均匀"等矛盾问题而产生的，这就决定了极限方法的辩证性。数学发展过程也充满了辩证性，三次数学危机的产生和解决过程给了我们深刻的启示。在高中数学教学中，充分揭示蕴含在数学中的诸多辩证法内容，是对学生进行辩证唯物主义教育，使学生形成正确数学观的好形式。

第三节　高中数学教学现状及其改善对策

一、高中数学教学现状

（一）教学手段落后，不能激发学生的兴趣

如今的高中数学课堂，相当一部分教师仍然抱有老旧的应试教育思想，甚至有的教师还使用"填鸭式"的教学方式，不考虑如何传授给学生数学的内涵逻辑，仅仅让学生死记硬背数学公式，生拉硬套解题思路，这样不仅会造成教学效果的严重下滑，更会影响学生的上课积极性，让学生在课堂上学到的东西只能停留在做题解题之上，无法应用于实践之中。正因为如此，很

多学生才会抱怨数学枯燥，甚至发出学习数学有什么用的疑问，这是极其不利于教学目标的完成的。因此，教师应该树立素质教育的思想，提升课堂的趣味性。

（二）学生没有掌握学习技巧，学习效率低

有很多高中生对数学的认识有偏差，以为通过死记硬背和题海战术就能够提升自己的成绩，结果恰恰相反，由于他们没有掌握正确的学习策略和解题技巧，数学成绩难以提升，学习效率偏低。还有的高中生总是临阵磨枪，想通过考试前的突击取得理想的成绩，但是往往没有实现。高中数学知识具有系统性和抽象性的特点，学生只有真正掌握了学习技巧，才能够灵活运用数学知识，进而举一反三。高中生面临着高考，学习压力大，很多学生不会合理分配学习时间，给数学的学习时间过少，不利于提高数学水平，还有一些学生在学习数学时遇到困难就停步不前，缺乏勇往直前的精神。

（三）教师过分注重成绩，忽视高中生的主体性

受到传统应试教育的影响，一些高中数学教师只关注学生的数学成绩，认为只有学生考出了好成绩，才是对教师和家长最好的交代。数学教师对学生的主体性并不重视，在数学课堂上以自我为中心，没有充分尊重学生的意见，使学生处于被动学习的状态，无法充分发挥主动性和积极性。还有的高中数学教师在数学课堂上对学生发号施令，让学生按照自己设计好的课堂环节学习，不顾学生的创新意识和学习灵感。另外，很多家长也认为只有成绩好才是最重要的，才能证明数学教师的教学水平，所以不少数学教师想方设法地去迎合家长，希望取得家长的支持。

（四）初高中教材存在衔接问题，学生缺乏良好的学习方法

初中的数学教学使学生在某种程度上形成了固定的思维模式，考虑某些问题时存在单一、片面的思维。初中教材对不少数学定理没有严格论证，或用公理形式给出而回避了证明；初中教材坡度较缓，直观性强，对每一个概念都配备了足够的例题和习题。高中教材一开始就是集合、映射等近现代数学知识，紧接着是函数，而且很多是抽象函数，注重逻辑思维和分析理解，与初中阶段相比，学生学起来有一定的难度。特别是新教材，跟修改前相比，增加了内容，压缩了课时，无形中增加了学生的学习负担。

尽管我国普及九年义务教育已经多年，课程改革在初中阶段已进行了几

年,但受传统的中考升学指标的影响,初中数学教学仍主要是以教师为主体,"填鸭式"的教学方法仍在采用,学生缺乏学习的主动性,具有很强的依赖心理,跟随教师惯性运转,缺乏合理的学习计划,反而增加了学生的学习负担。

高中数学教学中,教师布置的课堂作业相对初中阶段要少些,留给学生更多的自由时间消化吸收当天功课,完成相关知识的练习,要求学生根据自身实际情况自由调整补充学习和练习内容。但是受初中阶段学习习惯的影响,许多学生的自学能力较差,缺乏学习的主动性和主见,还像初中阶段那样,只完成教师布置的家庭作业,这与高中数学学习要求有较大出入,教学的效果很难达到素质教育的要求。

二、改善高中数学教学现状的对策

目前,高中数学仍然是把普通高中作为基础教育的高级阶段,以学生发展为本,重视基础,着眼发展,旨在让所有的学生获得必需的数学知识。随着社会的发展和对教育规律认识的深化,以人为本和促进学生全面发展的素质教育成为时代的主题。

(一)营造和谐的教学环境,培养学生的自主学习能力

教学是"教"与"学"互动的知识传递过程,在教学过程中,教师应努力营造和谐的教学环境,采取灵活多样的教学方法和学习指导策略,设计的教学内容尽量做到富有趣味性、启迪性和开放性,要按照循序渐进、量力而行的原则,对不同层次的学生以层层递进的方式提出不同的要求,做到心中有数、因材施教,有效调动各层次学生主动参与教学活动的积极性,激发学生的学习热情,使其学习的内部动机逐步升华为学习的行动。在教学过程中,教师应抓住恰当的时机,适时引导学生主动地观察、猜想、验证、推理,与他人讨论交流,要鼓励学生大胆发表自己的看法,提出问题,探索解决问题的途径,通过这些活动,促进学生创新思维的发展。作为教师,还应具有教学的灵活性,对课堂上随时出现的情况做出灵活处理。教学中还要注重发挥激励的导向作用,增强学生(尤其是后进生)的自我成就感,充分挖掘学生的学习潜能,以达到最佳的教学效果。

教师要培养学生的自主学习能力,这也是素质教育的目标之一。数学教学中,要培养学生的自主学习能力和积极主动性,就应在教学中创设丰富多

彩的活动情境，让学生勇于实践、大胆探索。数学学习应当是一个生动活泼、主动和富有个性的过程。在教学中，要挖掘教材中的活动因素，创设学生积极主动、自觉参与的课堂环境和开放的课外环境，使学生在活动中主动参与、主动思考、相互交流，共同吸收数学知识，与此同时，还要培养学生的团结协作能力、竞争意识和良好的集体主义精神。

（二）转变教学中教师角色，发挥教师的引导和组织作用

在教学中，教师首先要转变角色，确认自己新的教学身份。教师应成为学生学习活动的引导者，要记住自己的职责是教育所有的学生，要坚信每个学生都有学习的潜能，都是能学好知识的学生。引导要含而不露、指而不明、开而不达、引而不发。引导的内容不仅包括知识和解决问题的方法，还应教会学生怎样思维、怎样做人。在教学实践中，尽量展示数学问题思维的全过程，鼓励学生敢于质疑，有自己的思考与创新。

教师应成为学生学习活动的组织者。教师作为学生学习的组织者，应该重视每一个学生个体，诱导学生激发内在的主动性，放手让学生表达自己的看法，提出自己的见解，为学生提供学习过程中合作交流的空间与时间，这种合作交流的空间与时间是最重要的学习资源。在教学中，教师不能仅满足于知识的传授，还应注重用一连串问题来组织教学，同时，教师还必须给学生的自主学习提供充足时间。

教师还应成为学生学习活动的好伙伴。教学本来就是一个师生间相互交流思想、相互探究学习的双向活动，是一个教学相长的过程。教师应摒弃管教者的观念，本着与学生合作的态度，与学生建立平等的关系，形成师生互动、民主融洽的良好氛围，引导学生在思考中潜移默化地增长知识，积累经验，真正达到相得益彰的效果。

（三）多听常态数学公开课，形成科学的作业布置理念

现在大多数公开课，尤其是面向范围比较广的公开课是集体打造的，反映的是集体备课的水平，并非上课教师个人的业务水平，以及课堂教学设计等方面的能力。这样优秀的理想化的课需要听一些，看一些，不过更需要常态课。数学教研组、备课组内部的公开课要常态化，不要搞花架子，每次活动尽可能同时听两位同事对同一个课题不同设计的课，但是这需要教师投入一定的时间。

教师要科学有效地组织、布置作业（练习）。长期以来，教学都很重视课堂教学设计，而数学课外作业的布置与处理往往不受重视。不要说平时的课堂，就是有的公开课到结束时也常常只有小结，而忽视作业的布置。如果没有课外作业辅助，教师的教学往往是不算成功的，因此，深入研究课外作业的形式，对于一名教师来说很重要。通过启发学生勤学多思，可以训练学生的数学思维，培养学生的数学素养。教师应努力使学生由会解、会做到会说、会讲，再到会改、会编，逐步成为学习的主人。

在新课程理念下的高中数学教学中，要提高学生在课堂 45 分钟的学习效率，就要提高教学质量，教师应该多思考、多准备，要积极处理好与学生的关系，积极调动学生的积极性，本着对学生负责的态度和细心严谨的工作作风，务本求实地工作，这样才会使学生的学习更上一个新台阶。

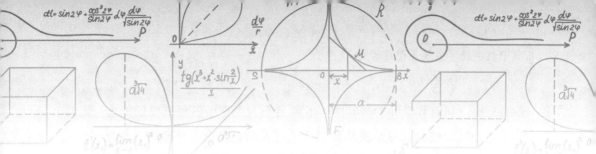

第二章　核心素养视角下的高中数学教学实践

本章介绍了核心素养视角下的高中数学教学实践，主要从三个方面进行了阐述，分别是高中数学核心素养概述、核心素养视角下的高中数学教学导学案设计、核心素养视角下的高中数学教学策略。

第一节　高中数学核心素养概述

一、数学核心素养的概念

近年来，随着新教学改革的不断深入和发展，数学核心素养成了数学教育改革的热点词语，不同的学者对数学核心素养的内涵具有不同的理解和认识。东北师范大学教育科学学院教授马云鹏认为，"数学核心素养是数学学习者在学习数学或某一领域所应当达成的有特定意义的综合性能力"，他认为数学核心素养是数学教与学过程中的重点，不仅指具体的知识和技能，还包括数学活动和数学思想等[①]。我国著名数学教育家张奠宙曾经提到，"数学核心素养包含具有数学基本特征的思维品质和关键能力，是数学知识、技能、思想、经验及情感、态度、价值观的综合体现"。张教授着重强调数学核心素养在数学学习和学生自主发展中的作用，认为核心素养是数学课程目标的集中体现，是反映课程教学和学业质量的标准[②]。国际学生评估项目（PISA）认为，数学素养是指个体识别和理解数学在现实世界中所起作用的个人能力，做出数学判断的个人能力以及作为一个有独创精神、关心社会、善于思

---

① 张建新. 核心素养视域下的高中数学课堂教学策略研究［M］. 长春：吉林大学出版社，2021.

② 张建新. 核心素养视域下的高中数学课堂教学策略研究［M］. 长春：吉林大学出版社，2021.

考的公民，利用数学并参与其中，以满足个人生活中各种需要的能力。还有学者认为数学核心素养是能从数学的角度看问题，有条理地进行理性思维、严密求证、逻辑推理和清晰准确的表达意识与能力，认为数学核心素养的核心之处在于将概念、公式、定理忘却之后，还能留存在头脑中的数学意识、数学思维和数学精神[①]。

简单来说，数学核心素养就是指在学习数学的过程中，逐渐形成的一种综合运用所学数学知识解决实际问题的能力，以及在学习和解决问题的过程中所表现出来的思维习惯和道德品质。数学核心素养是所有数学素养中最基本却又起决定性作用的素养，它并不是指某些数学知识或数学技能，也不是平常意义上的数学能力，而是一种反映数学思想，基于数学知识却又高于数学知识的综合、持久和阶段的能力、习惯和品质。

数学核心素养是每个数学学习者必须具备的数学品格和数学关键能力，这不仅是数学学习者终身发展的需要，也是社会发展的需求。数学核心素养是学生在数学学习过程中所达成的具有特定意义的一种综合性的能力，教师在教学的过程中应当对其加以重视。数学核心素养以数学知识和数学技能为基础，以运用数学知识和数学技能解决问题为表现形式，在解决问题的过程中反映出数学的本质和相关的数学思想，数学核心素养也在这个过程中得以形成和发展。

二、数学核心素养的内容

最新的《普通高中数学课程标准》提出了数学学科的六大核心素养（包含数学抽象、逻辑推理、数学建模、数学运算、直观想象、数据分析），并对六大核心素养进行了详细的诠释和分析。六大核心素养的提出，昭示了高中数学课程进一步改革的思想，也映射出整个高中课程改革的发展方向，对高中数学教学和学生的发展具有极其重要的意义。

（一）数学抽象

1. 数学抽象的概念

数学抽象是指通过对数量关系和空间形式的抽象，得到数学研究对象和

---

① 张建新. 核心素养视域下的高中数学课堂教学策略研究［M］. 长春：吉林大学出版社，2021.

数学研究方法的素养，主要包括：从数量与数量关系、图形与图形关系中抽象出数学概念及概念之间的关系，从事物的具体背景中抽象出一般规律和结构，并用数学语言予以表征。

从思维的角度看，数学抽象是指从众多事物中抽取出共同的、本质的属性，舍弃个别的、非本质的属性，得到数学研究对象的思维过程。从数学学科的角度看，抽象是数学学科的特征之一，数学抽象在六大数学核心素养中位居首位，是高中数学学科未来发展不可或缺的，没有数学抽象就没有数学的研究对象，没有数学抽象，就无法进行数学推理和数学应用，数学抽象在数学学习和教学中具有非凡的作用。

数学抽象是数学的基本思想，是形成理性思维的重要基础，它反映了数学的本质贯穿在数学知识的产生、发展和应用的全过程之中。提高学生的数学抽象能力需要学生积累从具体到抽象的活动经验，要引导学生深入理解数学概念、公式、定理、数学思想方法、数学知识体系等数学基础知识，通过抽象概括，抓住事物或问题的数学本质，促使学生逐渐养成由一般性思考到深入思考问题的习惯，并能在其他学科或现实生活中主动地运用数学抽象思维来解决问题。

2. 数学抽象的内涵

数学抽象的内涵主要有符号意识、数感、几何直观和空间观念。

（1）符号意识

符号意识主要是指能够从具体情境中抽象出数量关系和变化规律，并用符号来表示；理解符号所代表的数量关系和变化规律；会进行符号间的转换；能选择适当的方法解决用符号所表示的问题，实现具象和抽象的和谐统一。建立符号意识有助于学生理解符号的使用，有助于提高学生的数学表达和数学思考能力。

（2）数感

数感主要是指关于数与数量、数量关系、数学运算、结果估计等方面的感悟，具体可以分解为以下三点：一是理解数的意义，能用数来表达和交流信息；二是能用多种方法来表示数；三是能估计运算的结果，并对结果的合理性做出解释。建立数感可以帮助学生更好地理解现实生活中数的意义，更好地理解和表述具体情境中的数量关系，有助于培养学生的数学思维和数学敏感性。

（3）几何直观

几何直观主要是指利用图形描述和分析数学问题，通过对图形的观察和分析，发现直观载体的外在现象和表面意义，由表及里，促使学生直观洞察数学载体更深层的意义或内在本质。借助几何直观，可以把复杂、抽象的数学问题变得简单、形象，有助于探索解决问题的思路和预测结果，帮助学生更直观地理解数学，感知数学知识存在的意义和价值。

（4）空间观念

空间观念是以空间表象为主要形态特征，涉及空间知觉和空间想象。培养学生的空间观念，能够让学生更好地感知物体的形状、大小及距离、方位等位置关系，并促使学生在大量空间知觉的基础上形成关于物体形状、大小及相互位置关系的印象。之后，在语言表达和事物的共同影响下，学生会对头脑中已有的空间表象进行加工、改造和结合，从而产生新的表象，将抽象的空间立体图形问题转化为平面图形问题来解决，化难为易，有助于学生思维的发展。

3. 数学抽象的特征

首先，数学抽象是一种特殊的抽象，是仅仅从事物的量的属性进行抽取的抽象，只着眼于事物存在的数量关系和空间形式，所以，数学抽象内容具有量的特定性，这是数学抽象最明显的特点，也是数学区别于其他学科的主要特征之一。其次，数学抽象的方法具有逻辑建构性，很多数学知识都是凭借明确的定义和推理逻辑建构的，比如圆就是在点、距离、轨迹等概念及相等关系的基础上，明确定义和推理逻辑构建出来的。再次，数学抽象程度的高度性。数学是在完全舍弃了具体现象的前提下，去研究事物的一般性质，在抽象的共性中去考察这些抽象系统的本身，高度的抽象性是数学不同于其他学科的最主要特征。

4. 数学抽象的具体方法

数学抽象有两个具体的方法：强抽象和弱抽象。强抽象是从事物具有的若干属性中强化或添加某些属性的抽象，它是扩大内涵、缩小外延的抽象，是从一般到特殊的抽象。弱抽象是从事物的若干属性中减去或去掉某些属性的抽象，它是缩小内涵、扩大外延的抽象，是从特殊到一般的抽象。比如，函数概念的形成和发展过程就是一系列弱抽象的过程，即由特殊到一般的过程。早期的函数概念是几何观点下的函数，之后减弱代数运算，形成了 18 世纪的函数概念——解析函数，之后又去掉了解析表达式的要求，形成了 19 世纪的函数概念——变量函数，之后又去掉了数集，形成了近代的函数概念——映射函数。但在微积分的表述过程中，函数概念的发展过程又表现为一系列强抽象的过程，由函数添加连续性变为连续函数，又添加了可微性，变成了可微函数。

5. 数学抽象素养在高中数学中的体现

在高中数学中，数学抽象素养主要体现在集合、映射、函数、复合函数、函数单调性、函数奇偶性、周期性、指数函数及其性质、对数函数及其性质、三角函数及其性质、平面向量、曲线与方程、导函数等概念上，体现在正弦定理、余弦定理、数学归纳法等定理上，体现在线性规划求最值问题、函数零点、导函数应用等知识的应用上。

6. 基于数学抽象素养的教学建议

在日常的教学中，经常会有这样一种现象，学生不明白教师讲的内容，教师指导以后学生感觉明白了，但后来对于类似的问题依然没有思路。究其原因，在于学生缺乏数学抽象素养。所以，教师在课堂教学中，要注重学生数学抽象思维和能力的培养，根据教学内容经常开展一些"微探究"活动，多给学生创造自主探究的机会，让学生对数学的本质理解更透彻。在教学时，教师还要多用变式教学，引导学生从不同的角度去分析问题、解决问题，使学生能够触类旁通、举一反三，增强学生思想的转化，拓展学生的思维。数学解题就是从具体的问题中抽象出数量关系和变化规律，并通过数学语言和数学符号之间的相互转译，选择适当的方法来解决数学问题。教师在教学过程中要注重数学语言的灵活运用，运用数学语言和数学符号，让学生学会"译题"。教师要指导学生将文字语言向图形、符号语言转译，让数学性质更加显著；指导学生将符号语言向图形语言转译，使数学概念更加具体生动；指导学生将图形语言向符号语言转译，让数学表达更加简洁清晰。学会"译题"是解决数学问题的第一步，教师在教学中要加强对学生"译题"能力的训练，帮助学生认识数学知识的本质和联系，优化学生的认知结构，从而提高学生的思维品质，发展学生的数学抽象素养。

（二）逻辑推理

1. 逻辑推理的概念

古希腊逻辑学家亚里士多德是逻辑的创始人，其著名的"三段论"奠定了西方逻辑学发展的基础。我国的逻辑思想早在春秋战国时期就有了很大的发展，史书中称其为"明辨之学"。数学上的逻辑指的是思维的规律和规则，是思维过程的抽象。推理是一种思维活动过程，是对已知条件和已学知识进行加工、整理，从而得出结论。推理可以分为间接推理和直接推理，逻辑正确则推理正确，不合逻辑则推理不正确。在最新颁布的数学课程标准里，逻辑推理是指从一些事实和命题出发，依据规则指引，推出正确结论的素养。逻辑推理强调的不是正确性，而是关系和性质之间的连贯性和传递性。

逻辑推理是得到数学结论、构建数学体系的重要途径，是数学严谨性的基本保障和具体体现，是人们在数学学习过程中进行交流的基本思维品质。逻辑推理素养是学生在发现问题和提出问题后，利用所学知识进行表述和论证，形成的有论据、有条理、合乎逻辑的思维品质的能力和素养，体现着学生的数学交流能力。

2. 逻辑推理的形式

（1）归纳推理

归纳推理就是根据一类事物的部分对象具有某种性质，推出这类事物的所有对象都具有这种性质的推理。简而言之，就是从个别性知识推出一般性结论的推理，是从特殊到一般的过程，属于合情推理。举一个简单的例子，直角三角形、锐角三角形和钝角三角形的内角和都是 $180°$，从这些个别性的知识我们可以推出"所有三角形的内角和都是 $180°$"。归纳推理的前提是其结论的必要条件，归纳推理的前提必须是真实的，但结论却未必真实，推出的结论可能为假。比如守株待兔的故事，如果根据某天一只兔子撞到树上死了，推出每天都会有兔子撞死在树上，这个结论就是假的。

（2）类比推理

类比推理是根据两个或两类对象有部分属性相同或相似，通过比较的办法推出它们的其他属性也相同或者相似的一种推理，也被称为类推。比如，在高中数学中有实数的基本运算，我们可以通过类比推理，得出集合的基本运算。类比推理具有或然性，从真前提只能或然地（并非必然地）推出真结论，如果前提中确认的共同属性很少，而且共同属性和推理出来的属性没有什么关系，这样的类比推理就是不可靠的，也被称为机械类比。

（3）演绎推理

演绎推理就是从一般性的前提出发，通过推导，即"演绎"，得出具体陈述或个别结论的过程。演绎推理是由命题和推理规则两个层面构成的，在逻辑推理的过程中需要兼顾这两个方面。常用的演绎推理主要有三段论、假言推理、选言推理和关系推理等形式。

① 三段论

三段论是由简单命题构成的，由两个含有一个共同项的性质判断做前提，推出一个新的性质判断为结论的推理，是演绎推理的一般模式，主要包括三个部分：大前提（已知的一般原理）、小前提（所研究的特殊情况）、结论（根据一般原理对特殊情况做出判断），这也是三段式推理的方法和步骤。

② 假言推理

假言推理是以假言判断为前提的推理，分为充分条件假言推理、必要条件假言推理两种。充分条件假言推理的关键词一般是"如果……那……"，必要条件假言推理的关键词一般是"只有……才……"。

③ 选言推理

选言推理是以选言命题为前提的推理，其标志词是"或者……或者……""要么……要么……"。选言推理分为相容的选言推理和不相容的选言推理两种。相容的选言推理的大前提是要有相容的选言判断，如果小前提否定了当中的一个选言，那么结论就肯定了剩下的选言；不相容的选言推理的大前提是要有不相容的选言判断，如果小前提肯定了其中的一个选言，那么结论就否定了其他的选言，如果小前提否定了除其中一个以外的选言，那结论就肯定了剩下的这个选言。比如，房间内有三个人，他们中只有一人是工程师，要么是小张，要么是小刘，要么是小李；这个工程师不是小张和小刘，所以这个工程师只能是小李。

④ 关系推理

关系推理是前提中至少有一个是关系命题的推理，可以分为对称性关系推理、反对称性关系推理和传递性关系推理。比如，由 $1\,m=100\,cm$ 推出 $100\,cm=1\,m$，这就是对称性关系推理；由 $a>b$ 推出 b 不大于 a，这就是反对称性关系推理；由 $a>b$，$b>c$ 推出 $a>c$，这就是传递性关系推理。

3. 逻辑推理素养在高中数学中的体现

高中数学中的逻辑推理素养主要表现在以下几个数学学习步骤中。

（1）命题及关系

学生需要做到以下几点：理解命题的概念；了解"若 p，则 q"形式的命题及其逆命题、否命题与逆否命题，会分析四种命题的相互关系；理解必要条件、充分条件和充要条件的意义；了解"或""且""非"等简单逻辑连接词的含义；理解全称量词与存在量词的意义，能正确地对含有一个量词的命题进行否定。

（2）推理与证明

学生需要做到以下几点：了解合情推理的含义，能用归纳和类比等进行简单的推理，了解合情推理在数学发现中的作用；了解演绎推理的重要性，掌握演绎推理的基本形式，通过灵活地运用演绎推理进行简单的推理；了解演绎推理和合情推理之间的联系和差异；学会直接证明和间接证明，了解分析法和综合法两种直接证明的思考过程和特点，了解间接证明中反证法的思考过程和特点；了解数学归纳法的原理，会用数学归纳法证明一些简单的数学命题。

（3）立体几何初步

学生需要掌握以下内容：掌握点、直线、平面之间的位置关系；理解空间直线、平面位置关系的定义；掌握可以作为推理依据的公理和定理；认识和理解空间中线面平行、垂直的有关性质与判定定理；能够运用公理、定理和已获得的结论证明一些空间图形位置关系的简单命题。

（4）寻找关键词

在数学问题中，含有抽象出、判断、推导、推出、证明、导出等关键词的内容都隐含或渗透着对数学逻辑推理素养的教学要求和考查要求，需要学生对关键词汇具有高度的敏锐性。

4. 数学逻辑推理素养培养的重要性

学生学习高中数学不仅是为了应对考试，也是为了学会解题技能，将数学知识更好地应用到实际生活中，在数学问题解决的过程中形成的逻辑推理核心素养，有助于学生深刻地理解所学知识，促进数学知识的实践应用。学生数学逻辑推理素养的养成和发展会激发学生的探究热情，使学生主动发现生活中的数学问题，探索数学的奥秘，促进学生创新思维和创新能力的发展，对提高学生的数学素养具有深远的意义。在当前的核心素养视域下，培养数学逻辑推理素养对学生来说，不仅限于应对高考，而是永久受益。

5. 基于逻辑推理素养的教学建议

扎实的数学基础是培养学生逻辑推理素养的重要前提。逻辑推理是利用已有的知识对出现的数学问题进行结论的探究，这种思维的建立可以帮助学生系统地掌握数学知识，更快地理解和消化新知识，提高学习效率。所以，数学教师在教学时必须重视数学基础知识教学，巩固学生的数学基础，促使学生形成良好的数学思维，进而进行正确、有效的逻辑推理。教师在教学时要有目的地选取教材中的某些公式、定理，让学生通过观察、分析，大胆提出自己的猜想和假设，鼓励学生自主证明，让学生重新体会公式、定理的发现过程，感悟数学家的逻辑推理思维，促进学生逻辑推理素养的形成和提高。教师在讲课的过程中要将自己处理问题的思维过程充分地展示给学生，潜移默化地影响学生的逻辑思维，便于学生学习和借鉴，提升学生的逻辑推理素养。教师在教学的过程中还要因势利导，适时地对学生进行启发和点拨，克服学生学习的盲目性，提高学生学习的自觉性，使学生掌握正确、科学的思维过程。

（三）数学建模

在新数学课程标准中有一个重点内容是让学生全面了解数学的背景、意义和价值，特别是数学的应用性与方法。而数学建模就是达到此目标的一个极好的途径。特别是在核心素养视域下，高中数学所考查的题材更加贴近现实生活，灵活性也大大提高了，这就要求在教学中注重培养学生的数学建模素养。所以，在高中阶段向学生渗透建模思想是非常有必要的。

1. 数学建模素养的内涵

数学建模素养是通过对实际问题进行简化和抽象，用数学语言表达问题，用数学原理建立模型，用数学方法解决问题，再回到实际情境中解释、验证所得结果的数学活动过程，主要包括分析抽象、建立模型、求解模型和验证修改四个阶段。数学模型构建了数学与外部世界的桥梁，是数学应用的重要形式。数学建模是应用数学解决实际问题的基本手段，是数学六大核心素养的重要内容，也是推动数学发展的外部驱动力。数学建模的目标就是通过培养学生的数学建模素养，使学生掌握数学建模的过程，积累用数学语言表达实际问题的经验，从而提升学生的数学应用能力，培养学生的创新思维和创新能力。

2. 数学建模素养的能力要求

要想培养学生的数学建模素养，就必须提升学生的阅读理解能力、抽象概括能力、符号表示能力、模型选择能力和数学运算能力，这是数学建模素养对学生的能力要求，只有具备这些能力，学生才会形成科学有益的数学建模素养。

（1）阅读理解能力

阅读理解能力是学生按照一定的思路、步骤，通过阅读感知实际问题的信息，在对信息进行分析和思考后，获得对数学问题的感性认知的能力。一般来说，阅读理解能力较好的学生，在审题过程中会把数学问题读得更准，读得更好，对问题中所蕴含的数学知识理解得更快，也更深刻、透彻。学生的阅读理解能力直接影响数学建模是否成功，因此，良好的阅读理解能力是数学建模的基本前提。

（2）抽象概括能力

抽象概括能力是指学生在阅读理解数学问题的基础上，将感性材料去伪存真，对数学问题进行分析、简化和抽象，忽略问题中的次要因素，排除各种干扰项，抓住问题的主要矛盾，运用判断、推理、归纳等方法发现数学问题的本质，通过对有用信息的提炼和抽象，将实际问题转化为数学问题的能力。通常情况下，抽象概括能力较强的学生很容易将实际问题转化为数学问题，较容易建立数学模型。所以，抽象概括能力是数学建模的基础。

（3）符号表示能力

符号表示能力是把实际数学问题中表示数量关系的文字图像翻译成数学符号语言的能力。随着高中数学和现实生活的联系加强，在考查数学知识时，经常以现实生活为背景，在数学问题的表述中会有大量的文字信息，很容易给学生解决问题带来干扰，学生在解题的过程中，要通过阅读理解对文字信息进行分析和筛选，将各种已知和隐含的数学条件翻译成数字、式子、方程、函数、不等式等数学符号语言，便于数学问题的分析和解决。将数学问题翻译成数学符号语言是数学建模过程中的基础性工作。

（4）模型选择能力

模型选择能力就是选择数学模型的能力。在数学建模过程中，同一个数学问题经常可以有多个数学模型，同一个数学模型也可以用于多个实际问题，怎样选择一个最佳的、最恰当的模型，直接关系到问题解决的质量。模型选择能力是学生综合能力的体现，是数学建模必须具备的关键能力。

（5）数学运算能力

数学运算能力是数学建模能力的重要构成，完整的数学建模不仅需要对数学问题进行抽象、概括和推理，还需要对数学问题进行数据运算。一般来说，复杂的数学建模问题运算量比较大，其中还可能有近似计算、图像分析等，所以，在数学建模过程中，无论所构建的模型多么正确和合理，如果其数学运算能力不达标，也会前功尽弃。数学运算贯穿于数学学习的整个过程中，数学运算能力不仅是数学建模必备的能力，也是数学学习必须具备的能力。

3. 数学建模的步骤

数学建模一般分为三个步骤。

第一步，缜密审题，深入挖掘。构建数学模型的第一步，就是认真读题，探索题中的已知条件和隐藏条件，对题目中的数量关系和数学意义进行深入挖掘，捕捉其中的数学模型和数量关系。核心素养视域下的高中数学，非常注重数学知识与生产生活之间的联系，在建模的过程中，教师要指导学生灵活运用数学规律和数学方法对实际问题进行分析，提取其中的有效信息，抓住解决问题的关键。

第二步，引进数学符号，建立数学模型。教师要引导学生在审题的基础上，运用联想、类比、逻辑推理等方法去发现数学问题中的数量关系，并判断其属于哪种类型的问题，从而恰当地引入参数变量，用数学符号表示各种数学关系，构建出恰当的数学模型，将实际问题转化为数学模型。

第三步，解模作答，回归现实问题。数学模型建立起来后，教师要指导学生用数学方法和相关的数学知识进行解模作答，并确定最佳的解题方案，利用数学运算求解，最后得出计算结果并返回到实际问题中进行解释和验证，对实际问题进行总结作答。

4. 数学建模的重要性

数学建模是解决数学问题的重要手段，学生在建立数学模型的过程中可以根据自己所掌握的数学知识来提出问题，并在教师的指导下，通过建立数学模型来解决问题，在这个过程中学生不仅学到了数学理论知识，同时培养了创新能力，提高了理解和接受数学知识的能力。在数学建模的过程中，教师一般处于指导的位置，学生是数学建模的主体，数学建模为学生提供了广阔的发挥空间，学生为了构建模型集思广益，大大提高了学习数学知识、参与数学实验的积极性和主动性，也培养了学生的独立思考能力和团队协作意识。在很多时候，数学模型的建立不是一次性完成的，经常需要反复设计和实验，这有助于培养学生的探究精神和科学意识，也可以让学生充分体会数学探究的乐趣，增强学生对数学学习的兴趣，促使学生学会运用科学的思维方式来思考、处理实际问题。

5. 高中数学教学中常见的数学模型

数学建模在高中数学教学内容中的渗透日益明显，较为常见的数学模型有函数模型、数列模型、不等式模型、三角模型、平面解析几何模型、立体几何模型、排列组合模型、概率统计模型等。

6. 基于数学建模素养的教学建议

（1）尊重学生的主体地位

在数学建模中，教师只是引导者，负责给学生提供部分材料，学生才是数学建模的主要实施者，是数学建模的主体。教师要尊重学生的主体地位，当给出数学问题后，教师要引导学生去发现问题、提出问题，尊重学生的思维方式，注重知识的形成过程，给予学生更多的自主空间，让学生亲历知识的形成过程，加深学生对数学知识的印象。在很多情况下，数学建模需要学生合作来完成。教师在数学建模教学中，要鼓励学生以小组为单位开展合作及探究，为学生提供展示自我的平台，突出学生的主体地位，让学生真正成为学习的主人，提高学生的自主学习能力和合作学习能力。

（2）坚持循序渐进的原则

数学建模素养的培养是一个漫长的过程，教师在数学建模教学的过程中要坚持循序渐进的原则，为学生提供的问题要由易到难，循序渐进，多给学生创造获得成功的机会，使学生产生成就感，从而对数学建模保持长久的兴趣和信心。在数学建模过程中，学生经常会遇到一些困难，教师要给予学生适当的指导、帮助和鼓励，让学生保持持续研究的信心。

（3）利用信息技术辅助

教师在数学建模教学中要坚持与时俱进，利用信息技术辅助课堂教学，鼓励学生利用各种计算机软件构建数学模型，使传统课堂教学变得有声有色，让学生更好地感受到数学与其他学科和生活的联系，拓展学生的视野，调动学生学习的积极性和主动性，锻炼学生的创新思维和实践能力。

（4）引导学生构建整体知识结构

数学实际问题的最大特点是数据多、变量多，数量关系隐蔽，不是"纯数学化"数据，学生在拿到问题时经常无从下手。所以，教师在教学时可以指导学生运用数据表格来整合有效的数学信息，厘清数量之间的关系，引导学生从整体的角度去思考数学问题，抓住问题的本质和联系，从而建立相应的数学模型。

（四）数学运算

数学运算既是传统的数学三大能力之一，又是数学六大核心素养之一，其重要性不言而喻。数学运算素养直接影响学生的数学成绩和日后的长远发展。高中生只有具备扎实的运算能力，在面对数学问题时才能快速、准确地梳理出正确的解题思路，才能节省出宝贵的时间去探究新的问题，寻求新的策略和方法。数学运算是高中生必备的基本数学素养，也是高中生必须具备的、最基础又应用最为广泛的一种能力。

1. 数学运算素养的概念

数学运算素养是指在明晰运算对象的基础上，依据运算法则和运算律，正确地进行运算，解决数学问题的素养。数学运算也可以说是一种演绎推理形式，可以帮助学生快速获得数学问题的结果。运算素养主要包括分析运算条件、探究运算方向、选择运算公式、确定运算程序等一系列过程中的思维素养，也包括在实施运算过程中遇到障碍时，调整运算素养以及实施运算和计算的技能。数学运算并非一种单一的、孤立的数学能力，而是运算技能和数学思维的有机结合。换言之，数学运算素养不仅是一种数学素养，更是一种数学操作能力，也是一种数学思维能力。

2. 数学运算素养的要求

数学运算素养具有四个层次的要求：一是运算结果的准确性，即要保证运算正确，这是最基本的要求；二是运算的合理性，这是运算素养的核心；三是运算的熟练性，这是对学生思维敏捷性的考查；四是运算的简洁性，这是运算合理性的标志，反映了思维的灵活性、深刻性和创造性。

3. 数学运算素养对学生能力的要求

数学运算素养对学生的数学能力提出了一定的要求，只有具备了一定的数学能力，才能发展数学运算素养。数学运算素养需要学生会根据法则、公式、定理等进行正确的运算、变形和数据处理；能够根据问题的条件和目标寻找与设计合理、简洁的运算途径；能根据要求对数据进行估计和近似计算。数学运算素养对学生的要求不只是对数的运算，还包括对式的运算，还需要具备算理和逻辑推理的能力。

4. 数学运算素养的重要性

数学运算不仅是数学的一项基本技能，而且是社会生产和生活中的一种工具，也是计算机解决问题的基础。在日常的生产和生活中，对事物的定量分析和定性分析都需要具备较强的数学运算素养，特别是科研、计算机、电子等行业的突破和发展都必须建立在数学运算基础之上。随着信息技术的发展，云计算和大数据的出现改变了我们传统的生活和思维方式，数学运算素养的重要性日益凸显。

对于高中生而言，数学运算素养在其学习和成长过程中占据着非常重要的地位。数学运算是学生思维的载体，学生的运算能力体现着学生的数学思维能力，是学生数学素养的一面镜子，是一个学生数学素质的综合体现。数学运算素养的强弱直接关系到学生的数学学习成绩。同时，数学运算素养的培养是要让学生提高数学运算能力，能够有效地借助恰当的运算方法来解决实际生活中的问题，通过运算来促进学生数学思维的发展，养成程序化思考问题的习惯，形成一丝不苟、严谨求实的科学精神。

5. 数学运算素养培养的现状

在日常教学中，教师对学生的学习状况多加观察就能发现，很多学生在熟悉的数学情境中能够准确地找出运算对象，但在关联或综合的情境中，学生就不能正确地理解运算对象，而是盲目地去做题，结果事倍功半，出现很多运算错误。数学运算素养要求学生要能够准确地掌握概念、公式、定理、运算法则等数学基本知识，还要让学生熟悉这些基本运算知识的适用范围。但在实际的练习过程中，有一部分学生虽然熟练掌握了数学基本的运算知识，但是忽视了运算知识的适用范围，在做题时不知如何使用运算知识或错误地运用了运算知识而影响了数学运算的准确率。数学运算素养需要学生能够根据问题的特征形成合适的运算思路，从而解决数学问题。在平常的学习过程中，当面对简单的数学运算时，大部分学生能够通过知识的再现找到解决问题的思路，但对于包含多个知识点的综合性问题，很多学生往往思考得不够全面，思维模式混乱，无法形成简洁、合适的运算思路，使数学运算变得复杂或无法全面解题。在现实中，有这样一部分学生，其具有求解运算的能力，但当遇到复杂的运算时，没有耐心，缺乏坚持运算的意志，导致运算过程半途而废，还有一部分学生对复杂的数学运算缺乏信心，存在畏惧心理，内心害怕运算、抵触运算，也有一部分学生过度依赖使用计算机或计算器等电子设备来进行数学运算，对传统的数学运算产生懈怠情绪，从而影响了数学运算能力和数学运算素养的形成和发展。

6. 数学运算素养培养的影响因素

通过对学生数学运算素养现状的分析，可以得出影响学生数学运算素养的因素主要有以下几个。

一是学生的思想意识。很多学生不重视数学运算，把数学运算出错的原因归于粗心、马虎，没有认识到出错的根源。二是学生的思维方法。在长期的学习过程中，很多学生在头脑中对某些数学问题存在着一些思维定式，这些固定的思维模式有时会提高学生的数学运算效率，但有时也会使学生出现思维的惰性，在运算中死套公式，不会灵活运用，影响运算的速度和准确性。三是现代信息技术的应用。在现实生活中，计算机、计算器、手机等先进的计算工具已经得到普及，给人们的生活和工作带来了极大的便利，无形中弱化了传统数学运算的技能，影响了学生对口算和笔算的认识，使学生在数学问题的运算上产生懈怠情绪，懒于提笔运算，没有形成良好的运算习惯。四是学生的对比意识。对于数学运算方法的选择，一般采用"择优而从"的原则，但在实际学习中，很多学生缺乏对比意识，经常找到一种思路就直接运算下去，而不考虑思路是否为最优，使运算过程复杂而冗长，浪费很多时间，却收不到应有的学习效果。

7. 基于数学运算素养的教学建议

为解决学生运算上的问题，减少运算错误，本书从数学运算的内涵出发，提出以下建议。

（1）明确运算对象，挖掘对象本质

在教学中，教师要指导学生认真阅读、思考与运算过程相关的条件和结论，对最容易忽视的内容和数据进行重点标记，通过由表及里、去伪存真地分析和抽象，明确运算对象，挖掘运算对象的本质，让学生充分地理解运算对象。

（2）掌握运算法则，展示形成过程

在高中数学中，不同的知识有不同的运算法则和运算规律，比如函数运算、向量运算、概率统计运算等都具有不同的运算法则和思维方法。在教学中，教师要重视公式、法则和定理的推导和证明，让学生亲身感受知识的形成过程，使学生更好地理解运算对象的运算规律和其中所蕴含的数学思想，从而提高学生的数学运算素养。

（3）探寻运算思路，优化运算过程

教师在教学过程中要加强对学生的思维引导，在运算时，鼓励学生探索不同的运算思路，在能够得到结果的众多思路中，通过比较选择运算最为简便的思路，使运算过程达到最优，降低数学运算的复杂程度和难度，可以快速、准确、顺利地得出结果。

（4）重视运算过程，强化结果反思

在具体的运算过程中，经常会有没有预想到的情况出现，对此，教师要指导学生学会边运算、边思考，让学生全面地思考问题，对每一步的运算都要进行适当的反思，培养学生规范化思考的品质和科学严谨的数学精神。当发现运算思路存在漏洞时，教师要指导学生学会及时进行调整和优化，提高运算的正确率。当学生完成整个数学运算过程后，教师要和学生一起进行反思，总结归纳运算过程中出现的问题和表现出来的优点，提高学生的自我认知，和学生一起分析运算错误的根源所在，强化学生对数学运算内涵的理解，将数学运算素养落到实处。

（五）直观想象

1. 直观想象的概念

直观想象是指借助几何直观图形和空间想象，感知事物的形态与变化，利用空间形式和图形理解与解决数学问题的素养，主要包括：借助空间认识事物的位置关系、形态变化和运动规律，利用图形描述、分析数学问题，建立数与形的联系，构建数学问题直观模型，探索解决问题的思路。直观想象是发现、分析和解决问题的重要手段，也是构建数学直观模型、探索解决问题的重要思维方法。直观想象是学生认知能力的重要组成部分，对学生数学思维和数学思想的发展具有重要的作用。

2. 直观想象的基本特征

经验性、整体性、逻辑性和预见性是直观想象的四大基本特征。

（1）经验性

直观想象建立在已有的知识经验、生活经验和活动经验基础之上，利用已有经验对抽象的数学问题产生形象的感知，并通过不断的经验积累和升华，形成新的经验，从而不断提高直观想象素养。教师在平常的教学过程中要积极开展各种实践活动，引导学生在活动中不断积累经验，帮助学生更直观地去理解数学。

（2）整体性

具有直观想象素养的学生习惯于从结构、关系、类别、层次及系统等各个角度去看待数学问题，了解数学知识之间的区别和联系，并将所获取的信息归纳整理为一个完整的体系，形成清晰、融会贯通的数学知识结构，体现出一种整体性思维。

（3）逻辑性

直观想象借助几何直观和空间想象来感知事物的形态、位置和变化，通过直观想象在数和形之间建立起联系，在此基础上对数学问题进行分析和探索，经过合理的数学思考和严格的逻辑推理得出科学结论，在解决问题的过程中充分体现出了逻辑性。

（4）预见性

在直观想象的过程中，会引发学生的深度思考，会拓展学生的想象空间，激起学生更广泛的联想和猜想，促使学生自觉或不自觉地运用直觉和经验，得到新的结论或在解决问题的过程中出现新的突破，因此，直观想象具有极强的创造性和预见性。

3. 直观想象的水平层次

直观想象的发展是循序渐进的，每个学生必须经历直观到抽象、有形到无形、外在到内在、非逻辑到逻辑的过程，不能跨越式发展。按照由低到高的顺序，可以将学生的直观想象水平分为以下五个层次。

第一层次是视觉水平。这是直观想象的最低层次，在这一层次中，学生只能根据自己所能看到的事物的外在形态对事物加以区分。第二层次是描述分析水平。在这一层次中学生能够依据已有的知识和经验，对自己所看见的事物的外在形态加以分析和描述，但仍不能理解自己所看到的和数学知识之间的逻辑关系。第三层次是抽象关系水平。学生凭借一定的直观经验能够理解数学知识，能够认识到自己所看见的和数学知识之间的逻辑关系，并可以用非正式的简单推理来验证自己凭直观得出的结论。第四层次是推理水平。学生对于结论的获取不再是凭借直观经验，而是开始习惯于通过逻辑推理，综合运用已学知识和已有经验去主动探索解决问题的方法和思路。第五层次是公理化水平。学生已经可以从基本的数学概念和数学基本命题出发，运用逻辑推理法则，把数学建立成演绎系统，建立起数与形的联系，构建出数学问题的直观模型。

4. 直观想象素养的意义

高中数学知识抽象、复杂，对于很多学生来说难以掌握，枯燥乏味的逻辑推理令很多学生望而生畏。而如果学生具备直观想象素养，就可以利用直观想象来解决数学问题，将抽象的数学语言配以直观的几何图形描述，很容易就能够理解和记忆，找到数学问题的本质，降低数学知识的难度，产生对数学学习的兴趣。同时，对生动形象的直观图形的分析、理解和创造，有助于启发学生的灵感，培养学生的创造力。在很多情况下，简洁直观的图形更易于数学问题的表述，也更易于启发学生的解题思路，因而，直观想象成了学生阐述问题的良好载体，优化了学生的思维能力和数学语言运用能力。在直观想象素养培养的过程中，学生依托直观，养成了画图、用图思考问题的习惯，学会了数形结合的思考方式，拓展了学生的思维方式，发展了学生的抽象思维和逻辑思维。因此，直观想象素养不仅有利于学生获取数学信息，也是学生解决数学问题的有力思维工具。

5. 直观想象素养在高中数学中的体现

从高中数学教学的目标和要求来看，直观想象素养渗透于整个高中数学的教学和学习过程中，主要表现在函数、几何与代数、统计与概率、数学建模活动和数学探究活动等四大主题的学习过程中。高中阶段学生的直观想象素养主要表现在学生的数学直观和空间想象能力上，具体表现为直观想象感知、直观想象分析、直观探索问题和直观想象构建。

在直观想象感知中，直观想象素养主要表现为：第一，抽象几何图形，学生是否可以根据物体的大概特征或详细特征抽象出几何图形；第二，想象实际物体，学生能否根据几何图形或语言描述想象出实际物体；第三，图形运动变化，学生是否能够通过想象物体的方位和相互之间的位置关系，用自己的语言或用数学语言来描述图形的运动变化；第四，根据描述画出图形，学生是否能够根据语言描述画出简单或复杂的图形。

在直观想象分析中，直观想象素养主要表现为学生能否借助各种几何直观图形来理解数学概念、描述数学问题、分析数学问题。

在直观探索问题中，直观想象素养主要表现为学生能否通过对实物的动手操作进行几何直观探索。

在直观想象构建中，直观想象素养主要表现为：一是图形建构，学生是否具有直观构建的意识，能否主动借助图形来表征问题，学生是否能够从问题的多种表征方式中选取最简洁、最直观的表征方式；二是图形分析，学生是否能够把握图形的大致结构并由规则图形局部想象图形整体，学生是否能将图形局部进行分解、组合或是通过图形转换，从图形的内外部特征来把握图形的本质；三是数形结合，学生是否能够意识到问题情境与图形之间的关联，是否能够结合图形理解具体数据，获取有效的数据信息，实现数与形的灵活转换；四是直观迁移，学生是否能够借助几何图形直观探索，描述和分析几何以外的其他数学领域的问题。

6. 基于直观想象素养的教学建议

直观想象素养对学生的数学认知产生了不可估量的重要作用，无论是数学结论的找到还是数学问题的解决，都需要利用直观想象，借助几何图形去思考，从而找到解决问题的途径。这就需要学生不断积累自己的直观想象经验，提升自己的直观想象素养，而课堂教学活动是学生积累直观想象经验的主渠道，所以教师要在课堂教学中有效地落实直观想象素养的培养，利用直观启发学生去想象，引导学生理性思考。

在具体教学过程中，教师可以通过数形转化思想来启发学生的直观想象。比如在函数教学中，如果仅靠教师的讲述让学生理解函数的性质、最值、单调性、对称性等问题，学生就会感觉到难度较大，理解起来比较抽象，记忆也不牢固，但若是借助直观想象，通过画出对应函数的图像，在定义域内截出部分图像，函数的各个知识点就会一目了然，学生理解和记忆起来也更方便、更牢固。数学本身就是数与形的结合体，人们常说"数缺少形变抽象，形缺少数难讨论"，数是形的抽象和概括，形是数的直观体现，教师在教学时要注重向学生渗透"数形结合"的思想方法，让学生养成用"形"解题的习惯，指导学生灵活运用各种解题方法，学会数形之间的自由转换。在教学过程中，教师可以结合教学内容，将实物模具用到课堂教学中，通过具体实物引导学生的空间直观想象。比如，在讲解长方体、正方体、圆柱、圆锥等相关立体几何知识时，教师就可以借助实物模型，引导学生快速入门，掌握、理解相关的概念和性质，慢慢学会对直观图的观察。教师还可以通过制作模型、画图、拆解等课堂教学活动，开展对立体几何图形的探究，指导学生用逻辑推理的方法研究图形的性质，帮助学生从逻辑角度去认识几何空间，学会几何思考的方法，从而培养学生的空间想象能力和推逻辑推理能力。教师还要注重教学情境的创设，引导学生在一定的问题情境中开展直观想象感知、直观想象分析和直观想象建构等活动，使学生从已有的知识和经验出发，通过直观想象获得相应的知识和技能，发展学生的思维能力。

（六）数据分析

随着信息科学技术的迅猛发展，我们迈入了大数据时代，数据分析是大数据时代数学应用的主要方法，已经深入现代社会和科学研究的各个方面，"用数据说话"已经成为这个时代的特征，也成了全社会的共识，数据分析已经成为未来人才必备的技能和素养。

1. 数据分析素养的概念

数据分析素养是指学生针对研究对象获取数据，运用科学的数学方法对数据进行收集、整理、筛选、分析、归纳等一系列活动，所形成的对数据的理解获取能力及运用数据的能力，形成的关于研究对象知识的素养。从数学知识的角度看，数据分析素养就是通过数据探索问题的本质和规律的能力，知道哪些数据是有研究价值的，哪些数据是没有意义的；从数据意识的角度看，数据分析素养就是在面对具体的事物或问题时，要在大量可靠数据的基础上，表达现实问题，描述具体事物，遇到问题时能想到收集数据和分析数据，从数据的角度去客观、理性地思考问题、分析问题；从数学能力的角度看，数据分析素养要有数据感知能力、数据处理能力、数据质疑能力和数据应用能力。简而言之，数据分析素养就是在解决和分析问题的过程中利用数据的能力以及分析数据的水平和素养。数据分析的主要过程包括收集数据、整理数据、提取信息、构建模型、进行推理、获得结论。数据分析素养的培养就是要提升学生的数据处理能力，增强学生基于数据表达现实问题的意识，培养学生利用数据思考问题的学习习惯，在数据分析、处理的过程中积累知识探索的相关经验。

2. 数据分析素养的价值

概率与统计是高中数学的重要组成部分，在高中数学体系中占据着非常重要的地位。而概率与统计是以数据为研究对象的，通过收集数据、分析数据来解决问题，对未来发展做出科学、合理的预测，所以，数据分析素养是概率与统计教学的核心内容。数据分析素养对学生的成长和发展具有深远的影响。在数据分析过程中，学生会根据不同的数据、不同的背景，选用恰当的数据分析方法，从众多数据中提取有效的数据信息，这一过程能够增强学生的亲身体验，让学生体会到什么是偶然性、随机性和规律性，提高学生对数的敏感程度，培养学生思维的灵活性。数据分析素养在本质上体现的是数学的基本思想，在对数据进行分析统计的过程中，往往需要渗透归纳思想、类比思想、统计思想、逻辑推理、统计等数学思想和方法，有助于学生数学素养的形成和发展。在培养学生数据分析素养的过程中，通过各种数据分析教学活动的开展，学生会体会到运用数据分析可以合理地解释、解决生活中的很多实际问题，更深刻地感受到数据分析素养在现实生活中的实用价值，有利于发展学生的应用意识，提高学生的实践能力。所以，培养学生的数据分析素养是高中数学课堂教学的重要目标之一，也是培养学生数学核心素养的重要内容。

3. 数据分析素养的评价标准

对于数据分析素养的评价标准，不同的人有不同的理解和看法。以核心素养为视角，教师对学生数据分析素养水平的评价应当更加具体、全面，主要包括以下六个方面。

一是获取有效数据信息的能力。在面对数学问题时，学生能否直击要害，简明扼要、清晰地表达自己的观点和想法。二是对数据进行分析、评价的能力。数据无处不在，人们很容易被它淹没，其在浩瀚的数据海洋中真假难辨，很多重要的信息都有被忽略的可能，所以，在衡量学生的数据分析素养时，一定要考查学生对重点信息的筛选和提取能力。三是对获取的数据进行处理的能力，即对收集到的数据进行归类和整理，剔除其中的无效数据，使收集到的数据呈现出系统性、逻辑性。四是运用信息技术处理数据的能力。在新时代背景下，传统的数据处理方式效率低、准确性差，已经不能适应当今社会的发展需求，Excel、数据透视表、VBA 程序等先进的数据分析工具已经被广泛应用于数据分析中，所以，利用信息技术处理数据的能力成了评价学生数据分析素养的标准之一。五是利用数据信息进行自主学习的能力。六是学生在大数据背景下表现出来的社会责任和道德情感。具备数据分析素养的人会不断地质疑自己获取到的信息，不断提出疑问，在质疑中不断获取新知，有助于培养学生严谨务实的学习态度和勇于探究的科学精神。

4. 数据分析素养的培养目标

（1）知识和技能

在核心素养的视域下，要让学生认清当前大数据的时代背景，了解数据的发展趋势，明确数据分析的价值和意义，强化学生数据分析的理论知识学习，培养学生会运用信息技术来处理、分析数据，提高学生的数据分析技能。

（2）数据分析方法

要想对数据进行透彻的分析，除了具备数据分析的知识和技能，还需要有正确、科学的数据分析方法。在日常的学习和生活中，学生要有一定的观察能力和独立思考能力，善于归纳总结，不断积累学习和生活经验，总结数据分析的方法和规律，准确定位自己所需要的数据信息，并对这些数据信息及时地做出自己的评价，从而节省时间，提高数据分析的效率。同时，学生还要学会合作，加强同学之间的交流，通过合作提高数据分析的效率。

（3）学习态度

在高中数学的学习过程中，特别是在概率与统计的学习中，经常需要进行大量的数据分析和处理，而在大量的数据面前，很多学生表现出极度的厌烦、缺乏耐心。所以，教师在高中数学的教学过程中，要培养学生的耐心和细心，引导学生去体会数据分析的趣味性，感悟数据分析的价值和意义，引起学生的情感共鸣，使学生能够积极主动地学习，培养学生的数据分析能力，使学生形成端正的学习态度，提高学习的自主性。

5. 数据分析素养的培养内容

高中生数据分析素养的培养内容主要包括数据意识、数据知识和数据能力。

（1）数据意识

培养高中生的数据分析素养，首先要培养学生的数据意识。我们正处于一个大数据的时代，各种各样的数据每天都在增加和更新，所以，教师在教学时一定要注重培养学生的数据意识，让学生尊重数据、尊重知识，认识到数据的强大说服力，培养学生用数据解决问题的习惯，只有这样学生才不会错过任何有价值的数据信息。

（2）数据知识

数据知识就是和数据、数据分析相关的各种理论知识，不仅包括传统的数据分析的理论经验和方法，获取数据和计算数据的方法，也包括现代先进的信息技术和各种数据分析软件，还包括对未来数据的变化和国际形势的了解和把握，使数据分析具有时代性、时效性和前瞻性。

（3）数据能力

数据能力不仅是数据分析素养的重要内容，也是数据分析素养培养的重要目标。数据能力主要包括收集数据的能力、筛选数据的能力、分析数据的能力、保存数据的能力、评价数据的能力等，还包括数据分析所需要的数学逻辑思维能力、观察分析能力、独立思考能力、自主学习能力等。

6. 基于数据分析素养的教学建议

在高中数学教学中，教师让学生理解数据分析的思想远比教授数据分析的方法更重要。教师在教学时可以以实际生活案例为背景，通过对实际问题的解决来让学生理解数据分析的思想，而不是对公式和概念进行死记硬背，要帮助学生了解和掌握数据分析的全过程。"做数学"远比"听数学"的教学效果好，教师在教学的过程中，要结合教学内容和教学实际，多创造机会和条件，组织学生针对当前的热点话题或学生的生活实际开展完整的统计调查活动，让学生亲身参与问卷设计、样本采集、收集数据、整理数据、提取数据特征、总结数据结论、对数据结论进行评价的整个过程，让学生切切实实地去思考问题，运用所学知识来解决问题，提高学生的数据分析和运用能力，促进学生数据分析素养的形成与发展。教师还要教授不同的数据处理和分析方法，除了教会学生手工处理的方法，还要教会学生相关数据处理软件的用法，使学生认识到科技对人类学习和生活的帮助，增强学生的科技意识，提高数据分析的效率。教师还可以借助先进的信息技术向学生展示不同的数据分析方法，使学生直观地感受不同类型的数据所对应的不同的分析方法，促使学生学会"量体裁衣"，根据实际情况来选择合适的分析方法。教师还要认真研读教材，将学生数据分析素养的培养渗透在日常的教学中，结合相关内容有意识地培养学生的洞察力和分析力，培养学生的数据分析素养。

第二节　核心素养视角下的高中数学教学导学案设计

一、核心素养视角下的高中数学教学导学案概念

（一）核心素养视角下的导学案含义

从核心素养的层面来看，导学案就是教师严格依据课程标准、教材和学情等，科学制定和正确引导学生自主学习，快速提高其数学素养，具有一定合理性的学习方案。它不仅具有导课功能，还能引导学生开展深度探究活动，从而使课堂教学效率得以提升。一方面，它是教师辅助学生把握教材中知识内容，有效促进教师"教"与学生"学"之间联系的沟通桥梁，另一方面，它是辅助学生进一步增强自主学习能力和建构知识能力的有效媒介。

（二）核心素养视角下的导学案与普通导学案的异同

普通导学案与核心素养视角下的导学案相比较，虽然形似，但是内涵不一样，二者概念存在一定的联系，后者是在前者基础之上展开的。就其背景

而言，普通导学案多为新课程改革所倡导的以学生为主体的教学方式，核心素养视角下的导学案与新课程改革主流相符合，注重培养和发展学生自主和合作学习的能力，旨在不断加强对学生数学核心素养的发展与培养。从使用方式上看，二者具有明显差异。就内容而言，二者均以高中生为服务对象，但侧重点不一样，后者旨在正确引导学生学习和发展学生的能力，以学生怎样学习为中心，以促进学生有效学习为目的，目的明确的同时方式更加灵活多样，注重学生将课堂所学知识内化于己，这就是核心素养；前者虽提出了以学生为主，但其作用更多地在于服务于教师的教学，着眼于学生对教师"教"的知识的掌握情况或者了解程度，并不真正顾及学生"学"的内容是否内化于学生能力，课堂中学生更多的是探索机械式地解决问题和做题，它旨在引导学生自主学习和提高他们对知识的运用水平，侧重于教会学生怎么做，不注重学生对于知识点的深入探究。从功能上看，核心素养视角下的导学案从某种意义上来说就是学生学习中的"行军图"，普通导学案是教师开展教学的原型和蓝本。

核心素养视角下的导学案和普通导学案虽然均为教师在阅读资料的基础上编写出来的，但是前者更加注重和强调学生将课堂上所学知识内化于能力之中，注重知识向能力转变；后者是教师为讲授学科新知识点而编写的，二者虽然本源一样，但关注的目标存在差异，具体表现在以下五方面。

第一，一些普通导学案以强调教什么、如何教为主，教师在授课时，以对数学学科的知识内容进行讲解为主，过程中很少有学生参与其中，导学案所起到的作用基本等同于教案。核心素养视角下的导学案是以问题为载体进行引导，通过对知识内容的探究，让学生掌握数学知识并学会运用知识解决问题，注重凸显学生要学什么，如何学，让学生在学习过程中既知道教师说了什么，又知道这样说的原因是什么。

第二，核心素养视角下的导学案指教师基于对教材的潜心研究，对学生已有知识水平、认知能力等因素进行综合全面的考虑，充分尊重其个体差异性并从学生立场出发，针对学生所编写的学案，从而培养学生自主学习的意识，让学生通过自我探索、合作交流完成新知识的构建。同时，指导学生按教师指导的方向开展学习，自学之后带着疑问进入课堂。与传统的教学模式相比，核心素养视角下的导学案更能体现出学生的主体地位。普通导学案主要是强调教师教授的知识内容及与其相关的解题方法，缺乏教师对学生学法的科学性指导，未能为学生设身处地地充分考虑。由此可见，核心素养视角下的导学案的编制，注重和强调对学生学习方法的运用与引导，帮助学生融入课堂中，从而快速提升学习的效率，将数学学习的内在动力充分激发和调动起来。

第三，核心素养视角下的导学案让教师对学生的学习能力与知识水平有了十分明确的认识和了解，具体而言就是学情。教师通过制作导学案顺利完成课前的相关调查，有利于将学生的学习能力充分体现出来，便于教师对学情的进一步了解，继而帮助教师突破课中教学重难点，有效弥补学生的学习薄弱环节，激发学生的学习动机和兴趣，引导他们积极主动地获取新知识。普通导学案基本是由教师自行对学情进行分析，然后对学习方法与内容进行预设，最终制定出导学案，与学生这一主体严重脱节，不容易把控和掌握学生的真正学习进程。

第四，核心素养视角下的导学案可以科学、合理、有效地诱导学生正确跟随导学案的相关内容开展学习，继而让学生理解导学案设置的初衷以及需要学习的关键内容，使教师的教学效率与学生的学习效率均得到较大幅度的提升。普通导学案是以教师为主导制定的学习方案，具有很强的计划性和指导性，其预设是在教师头脑中形成的，学生在理解教师教学设计思路的时候难度较大，因此很容易导致上课时，学生对教师在台上讲授的教学内容并不清楚，也就谈不上怎样开展高效学习活动了。

第五，对于设计中出现的问题，基于普通导学案，教师在课堂上教授知识的时候，虽然按照预设问题向全班提问，但可以主动积极回答问题的总是几个常见的"面孔"，学生在课堂上的参与程度较低，长此以往，学生形成了不喜欢独立思考的习惯。此外，教师只是把教材作为知识讲解的载体，学生处于被动接受知识的地位，这不利于学生综合能力的提升，不能满足现代社会对人才提出的要求。基于核心素养视角下的导学案，教师设计问题之后将其分发到每一位学生手中，给学生留下充足的思考时间与空间，使导学案的指引作用更好地发挥。核心素养视角下的导学案与其他教学模式相比具有很大的优越性，它更符合现代教学理念。如前所述，核心素养视角下的导学案实际上就是普通导学案的创新与发展，教师严格依据学生实际学情，对学生课堂学习内容进行分层预设，培养和发展学生在发散性方面的思维与个性，切实培养学生善于独立思考的习惯，发现新问题、解决新问题的创新能力。

二、核心素养视角下的导学案构成要素

（一）学习目标

学习目标由教师基于知识结构框架并依据课程标准要求制定，用于测量学生对知识的掌握与理解水平，主要包括三个方面，分别是知识技能、过程方法以及情感态度价值观。

不同学科有其自身特点与规律，数学教学中的学习目标设计也应有其自身特征。学习目标的表述应清楚，观点鲜明，可测量，可以对学生的学习成果进行考查。例如，对"平面向量的基本定理"的解释，可以把学习目标定在三个层次上。其中知识技能包括把握平面向量的基本定理和意义，了解直线与平面的位置关系及应用，初步学会利用平面角解决实际问题，可以灵活运用平面向量的基本定理求解问题，培养和发展抽象概括能力；过程方法是借助几何画板软件，充分体验"做"这一数学的知识构建过程，认识和理解平面向量基本定理的具体推导过程，深入体会数学思维模式由特殊向一般的转化；情感态度价值观则是建立数学密切联系实际生活的理念和观念，培养探究求知的良好学习习惯。

（二）测验预习

测验预习旨在测试学生的预习效果，并且帮助他们更好地学习和掌握新内容。教师备课的过程中，应将本课中的重点和难点，以基于数学核心素养的导学案为基础，更加清晰地向学生呈现，并加以明确叙述。

（三）新课探索

众所周知，新课探索是教学的核心内容，应该对其进行详细、合理的编排与设计，并辅以必要的引导点拨，以帮助和促进学生主动参与新课探索，引导学生主动参与课堂，激发其探究兴趣。数学教学要注重培养学生对数学学科的热爱之情，让学生积极主动地投入到课堂教学活动中，从而使他们能够更好地融入课堂教学氛围之中。因此，教师应根据学情设计好预习方案并实施到位，探究的过程可以帮助学生体会到成功的快乐，体验到学习的乐趣。

（四）课堂检验

课堂检验就是进一步巩固教师在课堂上传授的知识与内容，只需精练习题即可，千万不要满堂练习。教师在考查过程中，要帮助学生归纳与总结已经学习和掌握的知识点，对本节课的教学重点和难点进行突破，既要面对全体学生，又要注重学生在个体方面的差异性。

（五）能力升华

能力升华主要是根据不同学生的情况来提高其能力，通常由自主探究与合作探究两个部分组成。在数学教学中应用自主探究与合作探索教学模式能够使教师转变传统的教育观念，注重对学生创新意识和实践能力的培养。学生在自我归纳、总结中了解知识形成的具体过程，并把所学知识成功内化于自己的能力中，继而使自身的综合素质得到全面的提高。在数学教学中开展小组合作学习有利于促进学生之间相互讨论与交流，并加强学生对自己学习方法的反思和总结，还可以有效地培养和发展学生的团队协作能力和提升学习效率，实现共同进步这一学习目的。

（六）课堂小结

课堂小结是针对教师而言的，指教师对整堂课所讲知识进行总结，帮助学生系统把握知识结构，同时改进教学，切实推动教学相长。作为一名数学教师，应该高度重视课堂小结这个重要环节。事实上，在现实的课堂教学当中，教师经常忽略课堂小结这一重要环节，导致教学效果并不是很好。因此，必须采取有效措施更好地发挥课堂小结的作用，从而提升教学质量。

三、核心素养视角下的导学案设计理论依据

（一）最近发展区理论

维果茨基认为学习者能自己独立完成学习任务的水平和在成人或同伴帮助下解决问题的水平之间的差距称为最近发展区[①]。教师在教学过程当中应该重点关注学生的潜在发展水平。

这一理论启示教师在教学的时候，应充分做好学情调查工作，把学生实际状况作为教学基点，协助学生到达"最近发展区"对岸。"最近发展区"

---

① 于利合. 核心素养理念下的高中数学教学策略［M］. 长春：吉林人民出版社，2019.

理论对于数学学科来说是一种全新的教育理念，不仅能够让学生更好地掌握数学知识，还可以提高他们对学习数学的兴趣和信心，教师设计具体教学内容的过程中进行恰当的借鉴将会使课堂教学更有效率。

（二）先行组织者理论

有一些学习理论指出，学生原有的知识经验是对他们学习产生直接影响的首要因素，教师在课堂教学过程中应该注意对学生原有知识的挖掘，使他们获得更多的概念、原理等方面的信息。因此，教师在教学之前要给学生一些概括性很强的学习资料，用学生能够听懂的语言表达出来。这类学习材料是"先行组织者"，它们的功能是在学习者的新知识与旧知识之间建立一座桥梁，以方便新知识的掌握。"先行组织者"理论在数学新课引入中有着重要的指导意义。这一理论给教师的启示是在授课的时候，应充分考虑学生的原有知识与经验，给学生预习知识材料之后，对新内容进行阐述，发挥承上启下之效。

（三）学习动机理论

学习动机理论就是教师创设恰当的教学情境来诱导学生对课程内容产生一种学习动力倾向，从而使学习过程变得富有情趣，让学生产生求知的欲望，特别是激发学生的内部动机，对课堂有效教学非常有利。在数学课堂教学中，教师应根据学生的心理和生理特点，创设各种适宜的情境，使学生主动参与到教学活动中来。在设计数学导学案的时候要全面思考，除了可以将学生学习的兴趣激发出来，问题情境的设置也应该具有趣味性和新颖性，以激发和调动学生的学习兴趣，或者引发认知冲突，最终生成认知内驱力。

（四）建构主义理论

建构主义理论认为，学习过程是学生自我建构知识的过程，教师在教学中给学生正确的引导，并帮助他们建构所学内容的意义。核心素养视角下的导学案作为一种辅助用具，专门用来辅助学生的学习，能够诱导学生自主学习，对所学知识内容有一个系统的把握与了解。在核心素养的影响之下，导学案成为培养学生能力与提高学生学科综合素质的重要手段。通过对核心素养视角下导学案的灵活运用，学生能够构建学科知识架构的完整体系，在此基础上，通过引导学生自主学习实现高效课堂的建立，促进课堂教学质量与效率的提高。另外,基于核心素养的导学案注重学生通过合作探究获取新知,各教学环节之间有着不可分割的密切联系,知识逐层深入,不仅是学生建构知识的有效媒介,还构建了一个教师"教"与学生"学"的协作平台。

(五)人本主义理论

人本主义理论将教育目的归结为能够满足个人自我发展的需要,将学生视为一个正在成长的个体,其教育教学活动从学生实际情况出发,以学生为中心,不管是教师还是学校,都应为学生终身发展提供服务。在教学中,教师应根据学科特点以及课程标准要求,设计合理的课堂导学模式,促进学生更好地参与到课堂教学中来,提高教学质量与效率。学生的发展潜力是无穷的,核心素养视角下的导学案教学给学生营造了良好的学习氛围和环境,既让学生学习到所需知识,又能把所学新知与原有知识相联系。

核心素养视角下的导学案的内容要求在问题设计上讲究趣味性,能够结合时事政治或者学生原有生活经验设计教学内容,深入挖掘有利于学生个人成长的教学情境问题,帮助和促进学生的终身学习以及未来的发展。

四、核心素养视角下的导学案设计原则

(一)主体性原则

所谓主体性原则,是指在设计核心素养视角下的导学案时,教师要突出学生的主体性,以学生为中心,确定学生在学习过程中所处的主体地位,站在学生立场上设计核心素养视角下的导学案,从而有效提高课堂教学质量,使学生能够积极主动地参与到教学活动当中,促进他们全面发展。无论是设计还是运用,其主体都是学生,为他们提供服务,这就需要教师把课堂完全交给学生,将学生的学习主人翁地位充分体现出来。

(二)指导性原则

学生在学习的时候唯有了解将要开始的新课要学哪些知识,才可以较好地布置计划和组织学习。为了将核心素养视角下的导学案功能淋漓尽致地发挥出来,教师非常有必要在导学案中明确学习目标、知识的重点与难点等教学内容,并在导学案中统筹起来。

需要注意的是,重视学生在学习中的主体地位,并不代表让学生自学成才,在学习过程中教师不给予任何引导和指导。教师应充分发挥自身的指导

作用，在实际教学的过程当中，有许多环节都需要教师来完成，教师这一角色必不可少。在课堂教学中，教师可以从不同的角度进行引导，以达到提高课堂效率的目的。例如，教师在对新知识内容进行讲解的时候，应提供具有合理性的情境问题，为解决问题提供正确的思考方向与方法，帮助和促进学生根据生活经验，对遇到的问题进行全面分析与及时解决。

（三）分层性原则

设计问题的时候以最近发展区理论为基础，并且实行分层诱导。情境问题应该充分关照每一位学生的特殊需要，让他们获得进一步的提升与发展，实现个性化的教学。此外，综合考虑学生之间存在的差异，在学习方法上有针对性地帮助他们提高学习成绩。核心素养视角下导学案的设计难易程度适中，针对不同水平的学生，有层次地创设教学情境，使每一位学生获得最大限度的有效提升，从而使教师能够呵护全体学生的成长与发展。

（四）问题情境化原则

教师设置的情境问题除了应该具有较强的驱动性，还要难易程度适中，便于学生接受，这样才能有效激发学生学习的浓厚兴趣，使学生经过努力之后能够顺利解决教师提出的各种问题。教师应该结合具体教学内容，设计一些能够引起学生思考的情境问题，使学生在自主探究中掌握知识。在课堂教学中应创设一定的情境，激发学生的学习兴趣，引导学生自主探索、合作交流，实现课堂目标，提高教学效果，尽可能地避免学生对课本知识的生搬硬套和死记硬背。因此，教师的问题应该设置在关键的地方，从而使学生解题之后，增强自身能力的同时，思维逻辑也得到进一步的提升与发展。

五、核心素养视角下的导学案设计工作流程

（一）查阅有关资料

要落实核心素养视角下导学案教学模式，教师需要知道什么是导学案，核心素养是什么，随后厘清怎样编写导学案，编写导学案的时候应如何对教学流程进行合理预设，教学过程中学生数学核心素养的培养方式等。因此，核心素养视角下导学案的设计，需要教师通过查阅导学案以及数学学科核心素养等相关材料，进行基础知识的编制。

（二）了解学情

教师为学生讲课之前，应该充分了解和掌握学生的实际知识水平、自学能力等方面信息。教师需要结合学情进行有效的课堂导入，让学生能够快速进入课堂教学中，提高教学效果。教师依据学情分析对学生学习情况进行总体了解，然后在此基础上设计出针对性强的核心素养导学案教学内容，同时教师还要结合课堂教学内容选择合适的教学方法，如分层教学法、合作探究法等。教师应对教材内容进行认真、全面的分析，如知识点间的衔接与顺序等，采用螺旋式教学方式，设计出不同水平的教学情境问题，有效兼顾学生在个体方面存在的差异，真正做到因材施教。

（三）梳理知识系统

学生课前完成核心素养视角下的导学案自修，教师批阅完这份导学案之后，初步认识和了解学生所暴露的问题，因此上课时教师能够对教学中的重点、难点以及学生不易理解的知识进行重点阐述，从而帮助学生明确数学知识，促进学生快速提升和发展自身的能力。高中数学教材虽然逻辑性较强，概念抽象程度较高，学生理解的难度比较大，但是其仍然是学生学习数学知识的主要素材。如果教师不注重培养学生自主探究的意识和习惯，则会让他们失去对数学学科的兴趣，从而影响课堂教学效果。因此，在核心素养视角下导学案设计中，教师应该灵活地运用数学教材，明确知识点和知识点间的联系，在需要的时候，教师还应该结合学生的实际学习情况，对教学内容进行合理调整，使其能够满足学生实际的学习需要。

（四）找准教学切入点

核心素养视角下导学案的情境创设，从某种意义上来说为学生构建数学知识提供和搭建了桥梁和纽带，教学情境中具有实际意义的问题，有利于将学生头脑中的知识经验启发和调动出来，使学生能够自我构建知识，赋予新知一定的意义，从而使学生能够利用原有的知识经验，进一步同化新知，引导学生通过自主探究来加深对学习知识的记忆与应用。核心素养视角下导学案中情境问题的设计，应注重从教材内容和实际生活之间的空隙精准找到教学的切入点，使教学过程环环相扣，使学生产生学习新知的浓厚兴趣和内在的永久动力，同时还要考虑教学内容的深度和广度，使其成为一个完整系统，这样才能保证课堂教学质量。学生在形成了持久的学习内部驱动力之后，学习数学的时候才能切实感受到"山重水复疑无路，柳暗花明又一村"[①]的快乐。

教师在导学案编写的过程当中，寻找和判断命题、教学切入点，利用学习动机理论合理、科学地设问，指导并帮助学生认识命题判断，实现最近发展区的有效转换，以提升学生在自我学习方面的能力。

六、核心素养视角下的典型数学课型导学案设计

（一）核心素养视角下的新讲课导学案设计

1. 学情分析

知识意义建构以学情分析为依据。基于高中数学核心素养的新讲课导学案就是把学习新知识作为重点目标，学生在这一过程中把所学新知识，以一种巧妙的方式纳入原有知识体系中，因此教师应该尽可能为学生提供合适的教学情境，掌握学生的认知能力以及知识水平，力求使学生能够结合自身原有知识经验，对新知识进行有意构建。

2. 核心知识讲解

对学生来说，核心知识的把握至关重要。由于新讲课对于学生来说比较陌生，因此在授课过程中教师应该注重学生对新知识的掌握程度，以便于实现基于核心素养导学案的最终教学目标。教师在授课时，应利用教材中经典例题，通过浅显易懂的讲解让学生学习和掌握新知识。

3. 思维能力培养

以高中数学学科核心素养为背景的导学案，一直以来将学生终身发展作为核心和关注点，不仅是教学资源，更是知识呈现的途径。学生经过高中数学课程的学习，眼界会变得更加开阔，自身数学洞察力获得提升的同时，创新力也有所增强，从而学有所获，学有所悟，最终素养得到提升与发展。

教师在教学的过程中要时刻围绕高中数学课程标准所提出的要求，充分尊重学生的学习主体地位，积极培养和发展学生分析和解决问题的能力，注重学生把知识内化为自己能力的具体过程，以不同角度、不同形式来创设问题情境。

---

① 张永鑫，刘桂秋. 陆游集［M］. 南京：凤凰出版社，2020.

（二）核心素养视角下的温习课导学案设计

1. 整合知识并总结规律

在传统的数学温习课中，教师和学生分别是课本知识的贡献者和受赠者，学生的学习内容基本由教师决定，简单来说就是教师教学生什么知识，学生就非常被动地学习什么知识，在这样的教学模式下，学生学习的主动性和积极性通常并不好，学生参与感不足。为了改变这一现状，可以从教学理念、教学方式和评价方式等方面入手来构建基于核心素养培养的数学课堂导学模式。核心素养视角下的导学案，下放权力让学生独立串联新旧知识，总结知识点，从知识点中找出遗漏之处，教师帮助学生重新系统化地总结、概括知识。

2. 着眼于考点提升能力

教师要在通读教材、充分解读数学课程标准的前提下，积极深入研究高考真题，对每一年的命题特点进行深入挖掘和研究，全面掌握高考命题新动向，结合近几年的高考题进行深度研究分析，发现与课本知识相联系又不同于课本知识的题型。除此之外，有针对性地把相同或者相似类型的题目，通过巧妙的形式汇编在核心素养导学案的达标检验部分，从而使学生对高考命题新规律有所感悟，进而不断提升自己，最终在高考时成竹在胸。

3. 立足于实践开阔眼界

温习课导学案要注重和强调培养和发展学生创造性解决现实问题的相关能力，把数学知识应用到日常生活当中，发展学生在发散与创新方面的思维。教师在教学过程中要根据教学内容设计出符合学生认知规律的导学方案，并引导学生自主探究、合作学习、实践体验。温习课导学案应综合学生以往所学内容，锻炼和提升其思维能力，开阔其眼界，使他们学会串联已经学到的不同知识点。

（三）核心素养视角下的评论课导学案设计

1. 精准掌控学情

唯有准确地把握学情，才可以理性地预设目标。数学课堂教学离不开对数学学习过程的设计，课堂上教师不合理的设计会影响学生的学习进度以及学习效果。一节课的起点和终点都是教学目标。想要将评论课的教学目标设计好，教师一定要在制定学习目标之前，对学情进行综合分析，从而达到有针对性和目的性地快速提升学生知识水平与能力的目的。具体而言，就是要适当利用统计网站，对典型错误进行统计，如学生在回答问题时存在争议和遗漏的地方等。

2. 讲解错题集锦

讲解错题集锦能够有效填补知识的缺漏。必要的时候，教师应当要求学生将考试中出现错误的考题重新练习一遍，并且从另一个角度和层面寻找出现错误的原因，从错误中获得启示，继而不断加强知识体系的牢固性。

3. 设置合理情境

创设合理的情境，可以帮助学生衔接思维。教师要引导学生从不同角度思考题目的含义，通过分析问题、提出假设、解决问题的方式培养学生的发散性思维能力，提高学习效率。评论课应该对设置合理情境给予一定的重视和关注，将已学过的内容与考试中出现错误的知识点融会贯通，改进和优化答题的思路、技巧等，并根据考题，对正确的做题方法进行合理的总结和归纳。同时，还应该注重培养学生的创新精神和实践能力，在课堂上适当组织一些动手操作活动，引导学生通过自己动脑思考解决问题，增强学生分析问题的能力。教师在教学中应帮助和指引学生梳理相关知识点的试题，讲解同类数学题有利于锻炼学生理解、解答题目的逻辑思维。教师要帮助考试失常的学生查缺补漏，及时在心理方面疏导情绪波动大的学生，应该多鼓励学生，少指责和责备学生，关爱他们的自尊心与自信心，使其可以健康愉快地发展和成长。

第三节　核心素养视角下的高中数学教学策略

一、指导学习方法，发展数学思维

指导学生的数学学习方法，就是引导学生怎样去学习、怎样去探索、怎样解决各种数学问题，其是"学会学习"的重要组成部分。如何指导学生学习数学是高中数学教学面临的一个难题，也是值得每一个数学教师深思的问题。

高中数学和初中数学相比，知识内容的整体数量急剧增加，单位时间内需要学生接受的知识信息量增加了许多，用于知识消化和吸收的时间相应减少了，并且在数学语言上也有着显著的区别。高中数学涉及符号语言、逻辑运算语言、函数语言、图形语言等，数学知识的呈现更加复杂和抽象，需要高中生具备较强的数学逻辑思维，因而，很多高中生觉得高中数学难学，在高中数学的学习过程中出现了不良的学习心态。很多高中生缺乏良好的学习习惯，在学习时依然对教师存在较强的依赖心理，没有掌握学习的主动权，摸不着高中数学学习的路子，学不得法，学习效果不尽人意。所以，高中数学教师要加强对学生学习方法的指导，帮助学生领悟解题思路和解题技巧，找出其中蕴藏的数学思想方法，发展学生的数学思维。

（一）指导学生掌握听课方法

课堂是高中生学习的主阵地，大部分数学知识的学习都是在课堂上来完成的，而听课就成了课堂教学的重中之重，是影响学生课堂学习效率的关键因素。在具体教学过程中，教师要引导学生养成课前预习的好习惯，通过预习发现学习的难点，也就是听课的重点，对预习中遇到的没有掌握好的旧知识进行查缺补漏，减少听课中的困难；在课堂教学时，学生还可以把自己通过预习了解的知识和教师的讲解进行比较、分析，完善自己的思维方式，掌握科学的思维方法，进而提高自身的思维能力和自学能力。学生要做好课前的物质准备和精神准备，收拾课间放松的心情，全身心地投入课堂学习。在课堂听课过程中学生要做到"五到"，即耳到、眼到、手到、口到、心到。

耳到就是上课专心听讲，认真听取教师在课堂上的分析和讲解，力求知识没有遗漏，还要认真听取同学的回答，从同学的回答中学到更多的思维方法，拓宽知识获取的渠道，使自己受到一定的启发。

眼到就是学生在教师讲课的过程中要全神贯注，一边听教师讲解，一边看课本、板书或课件，加深对数学知识的印象。同时，要注意观察教师的肢体语言和面部表情，深刻地感受教师所要表达的思想和情感，对所讲内容产生共鸣，增进对数学知识的理解。

手到就是在听课过程中养成记笔记的好习惯，做到"不动笔墨不读书"。记笔记不是把教师讲的每一句话都记录下来，而是科学地记笔记，主要包括：一是记小结，把教师的随堂小结和对概念及性质的理解注释记录下来，一般情况下，小结是对当堂课堂教学内容的概括和总结，也是学习和解题的关键，将其记录下来便于日后复习；二是记方法，在听课过程中，要学会对有效信息进行分析和筛选，把教师讲的解题技巧、解题思路和解题方法记录下来，有助于启迪智慧，提高数学能力和解题能力；三是记问题，学生在听课时要将未听懂的问题及时地记录下来，便于在课后向同学或教师请教，突破学习难点，强化对数学知识的掌握；四是记疑点，学生要把对教师在课堂上讲的内容存有疑问的地方及时记录下来，便于课后和教师进行交流，提出自己的见解，有利于创新思维的发展。

口到就是在教师的指导下主动地回答问题或参与课堂讨论，还要学会阅读数学教材，把教材内容诵读出来，在诵读中厘清数学概念之间的逻辑关系，更好地掌握数学语言，发展自身的数学思维。

心到就是要跟上教师在课堂教学中的思路，同时跟着教师讲课的节奏去认真听课，用心剖析教学内容，精准把握课堂教学中的重点和难点，深入体会分析问题的思路，学会解决问题的思想方法，培养数学方面的能力与逻辑思维，学习举一反三。

（二）指导学生掌握数学思想

在应试教育模式下，高中数学教学重结论轻过程、重知识轻思想，导致高中数学教学事倍功半，出现高分低能的现象，不利于学生数学核心素养的提高。随着数学学科社会影响力的不断增大，数学教学显得尤为重要，核心素养视域下的高中数学教学重点也发生了改变，良好的数学思想方法教学比数学知识教学更加重要。"授人以鱼，不如授人以渔"，数学教学也是如此，教师应对学生进行学法指导，让学生掌握科学的数学思想和数学方法，提高学生的数学能力，使学生形成坚定的学习信念和开放性、创造性的思维品质。

高中阶段需要重点掌握的数学思想主要有化归与转化思想、变换思想、运动思想、数形结合思想、函数与方程思想等，掌握了这些普遍的思想方法，在解题时就有了目标和方向，将会大大提升解题的效果。有了数学思想后，教师还要指导学生掌握各种解题方法，比如换元法、待定系数法、反证法、数学归纳法等，只有在数学思想的指导下，灵活地运用各种数学方法，才能真正地领悟高中数学的精髓，才能真正地学好高中数学。

教师在教授新知识的过程中，要注重知识的推导和演示过程，将抽象的数学知识通过举例、类比、转换等方式具体化、简单化、直观化，引导学生对新知识进行总结和概括，发展学生的逻辑思维，让学生更好地体会其中蕴含的数学思想方法。数学思想方法含藏在数学知识的形成过程和数学问题的解决过程之中，教师在教学的过程中，要引导学生养成及时总结的好习惯，每学完一个章节就要对其中的数学思想方法进行概括和总结，每做完一道习题都要反思其中蕴含的数学思想方法，只有不断总结、不断积累，学生的数学思想方法才会系统化，运用才会灵活自如。提升学生解决问题的能力，可以培养和发展学生的数学核心素养，让学生更好地适应社会的发展。因此，高中数学教学应将培养学生的综合素质作为重要目标之一。以核心素养为背景的高考，不仅考查学生对数学知识的掌握程度，还会关注学生对数学思想方法的理解与灵活运用情况。由此，高中数学教学必须重视培养学生的解题能力。教师在课堂上讲题的时候，应该传授给学生解题中会用到的数学思想与方法，并正确、科学地指导学生用数学思想方法解题，而不是由教师代劳或由教师直接给出答案，只有这样学生才会掌握数学思想，灵活地运用数学方法。

（三）指导学生掌握练习策略

有很多高中生把提高数学成绩的希望寄托在大量做题上，其实这种做法存在着很大的不合理性。做练习题不在于数量多，而在于效率高，做练习题的目的就是检验对所学的知识和解题方法是否掌握得牢固，如果掌握不牢固，做再多的题也会反复出错，对提升学习效果没有多大帮助。核心素养视角下的高中数学教学不再提倡题海战术，而是提倡精练，教师在教学中可以开展一题多考的练习模式，将多个知识点融合到一个练习题中，从而有效地避免题海战术，提高练习的质量和效益。做完习题后，教师还要指导学生进行反思，重新思考在解题时所用的基础知识和数学思想方法，并思考在解决其他数学问题时是否也用过同样的知识和数学思想方法，建立起知识间的联系，收获更多的学习经验，进而发展自己的思维和技能。教师在指导学生做习题时，还要让学生养成正确的学习态度，把数学思想方法和解题的准确性放在第一位，而不是一味地追求做题的速度和技巧，只有充分发挥习题的作用，才能收到良好的教学效果。

在习题讲解中，要改变以前一成不变的死记硬背的教学方法，要从学生角度出发，科学选题，优化题型设计。教师可以根据学生的学习水平和发展水平设计分层小组教学，根据学生的实际情况设计不同层次的习题内容，指导优等小组的学生做一些拔高训练，指导差组的学生做一些基础训练，满足不同学生的学习需求。在习题讲解的过程中，教师要指导学生充分发挥思维想象，对数学问题进行大胆推理，提高学生的逻辑思维能力和数学语言运用能力。教师还要指导学生学会合理利用数形结合法、代入法、试算法等多种做题技巧，提高学生的解题能力，发展学生的思维。习题课上学生是课堂的主体，教师要鼓励学生自主学习，自己动脑思考解决问题的方法和途径，当确实存在困难时，教师再给予必要的帮助，这样不仅可以提高学生的数学能力和数学思维，还有利于学生数学核心素养的提升。做练习题本身是一种非常枯燥的学习活动，教师在讲解习题的过程中可以利用习题内容，恰当地创设一些问题情境，活跃课堂气氛，调动学生做题的积极性，让学生在情境中感受数学思想，不断积累数学经验。

（四）指导学生掌握复习和总结方法

及时的复习和总结是巩固所学知识、提升学习效果的关键。有效的复习方法不是让学生一遍又一遍地看书，而是让学生进行学习反思，开展回忆式的复习，把教师所讲的内容尽可能地想完整，然后通过和教材、笔记进行对照，把自己遗漏的内容补充完整，从而加深对当天所学知识的掌握。在经过一段时间的学习后，教师要指导学生进行单元复习，构建单元的知识网络，用典型的例题将单元的重要知识点和数学思想方法进行归纳、总结和展示，加深对所学知识的巩固和掌握，帮助学生构建完整的知识结构。

在核心素养视角下，复习和总结是高中数学学习过程中不可缺少的环节，在具体教学中教师可以从以下几方面入手。

1. 抓住基础知识，注重"双基"教学

对于任何一门学科，课本知识都是最基础的，考试中的各种题目都是课本知识的演化和变形，所以，在复习总结中，教师要提高学生对基础知识的重视，不要认为其容易就在复习的环节中忽略，而是要将课本知识进行系统化的复习，只有牢固掌握课本知识，学生才会"以不变应万变"，学生的数学能力和数学素养才能得到有效提升。教师可以指导学生将所学知识进行模块化管理，把知识按照内容划分成几个模块，对学过的数学知识进行全面的梳理，指导学生按照由浅入深、由易到难的原则，先从最基本的知识开始复习，再对重难点和遗漏点进行重点复习，确保知识复习的全面性。

2. 利用原有知识深化、拓展新知识

高中生经过多年的学习和生活积累，脑海中已经拥有了大量的知识储备，在复习和总结的过程中，与其再给学生讲一遍已经学过的知识，不如想办法唤醒学生对原有知识的记忆，这样学生对知识的记忆更深刻，理解也更透彻，课堂教学也更有趣。在对数学基础知识进行复习时，教师可以列举以前在课堂教学中的例子来唤醒学生的记忆，帮助学生建立自己的知识体系；当在复习中遇到难题时，教师不要直接给出答案，而是要带领学生将这道题与以前做过的类似题型做比较，从中找到解题所要用到的知识点，增加学生的解题经验。

3. 指导学生进行专题化训练

数学知识的复习和总结离不开做题训练，教师要指导学生将所学的数学知识进行分类和概括，建立多个数学复习专题，对每项专题知识进行针对性训练，巩固学生的数学基础，提高学生的数学能力。比如，在复习函数的相关知识时，教师针对"函数定义"进行专项训练，通过举例子的形式引导学生对已学知识进行回忆，让学生在脑海中搜寻关于本专题的知识结构和相关知识点，教师把学生的思路串联起来进行讲解，并从以前做过的试卷、课堂练习和教辅资料中挑选具有代表性的题目对学生开展专项训练，通过做题来夯实学生的数学基础。在此基础上，让学生自主复习函数性质、函数与方程、指数函数、幂函数等相关的知识点。通过这种方式，学生对数学知识、典型题型、数学思想方法的掌握更牢固，理解也更深刻，有助于学生数学知识的系统化。

二、创新课堂教学，培养品德修养

新课程标准强调，数学课程应致力于学生数学素养的形成与发展。数学素养即数学修养、数学水平、数学能力、数学素质等概念的总和，而核心素养是数学能力和数学品质。在核心素养视角下，高中数学教师要改变以往的教学方法，创新课堂教学，不断提升高中数学教育教学水平，培养学生的品德修养，主要可以从以下几个方面入手。

（一）夯实基础，提高学生的应用能力

俗话说，"基础不牢，地动山摇。"数学基础是否牢固，直接影响高中生

的学习成绩，也是影响高中生长远发展的重要因素。对于高中数学学习来说，基础知识、基本技能和基本数学思想是高中数学的基础，教学大纲所罗列的数学知识点都是高中数学的基础知识。高中数学知识错综复杂，但每一个知识点都不是孤立的，都和其他知识点存在着千丝万缕的关系，这些知识点构成了完整、严密的数学知识体系。而在数学学习过程中，数学知识的形成过程、定理公式的推导过程以及各种数学知识的应用都包含着数学思想和数学方法，体现着数学基本技能。所以，高中数学教师在教学的过程中一定要夯实学生的数学基础，让学生把公式、定理记牢固，在做题时一看便知道其过程，真正掌握基础习题的解题方法，使学生在理解的基础上实现数学知识的灵活运用。只有把数学基础打扎实了，学生才有提高解题能力的可能性。只有把最基本的知识掌握住，才能去思考如何掌握解题的方法和技巧，才能向知识的更深层次推进，打好数学基本功是学生取得好成绩的基础和前提。

在具体的教学实际当中存在这样的现象，有些数学问题教师讲了好几遍，学生在做题时还会出错。"一听就会、一做就错"的现象屡见不鲜，究其原因，归根到底还是因为数学基础不牢固，学生对知识的形成和理解还未达到要求，只会照着教师的解题思路和解题方法进行简单模仿，题目稍微一变就不会分析和解决了，并没有真正领会数学知识的精髓。高中阶段的数学教学在高中教育体系中占据着非常重要的地位，不仅是学好其他理工学科的基础，也是决定学生人生前途的重要因素。面对高考的严峻形势，高中数学的教学进度较快，给予学生消化理解的时间不足，导致很多学生前后知识衔接不好，没有形成完整的知识网络，基础知识掌握不全面。还有些教师在练习题的处理上过于粗略，没有对学生的思维进行及时的引导和纠正，导致学生对基础知识的理解不透彻，给解决问题带来了一定的困难。所以，在高中数学教学中，教师一定要注重数学知识的形成过程和数学知识间的联系，帮助学生构建完整的知识体系，夯实学生的数学基础，提高学生的数学应用能力。

当下的高中数学教学始终没有摆脱应试教育的局面，在高考升学指挥棒的指引下，教师中心主义和权威主义依然存在，教师把知识强加灌输给学生，学生的思维能力被淹没在传统教学模式中。为了夯实数学基础，必须激活学生的思维活力，因此，高中数学教师必须摆脱传统教学观念和教学方式的束缚，明确学生的主体地位，努力为学生创设一种和谐、自由、民主、充满活力的课堂氛围，让学生作为极富独创性的主体参与到课堂教学活动中，拓宽学生舒展的空间，使师生之间和学生之间形成多元交流的统一整体，在相互作用和相互影响下实现学生的进步。教师要转变角色，成为教学活动中的一员，和学生处于平等的地位，教师要引导学生积极参与到数学课堂教学的全过程中，使数学课堂教学成为师生共同参与的一种相互探讨、共同学习、共同解决问题的探究活动，增强学生的学习体验，深化学生对数学基础知识的理解和记忆。

数学学习离不开记忆，初中阶段的数学学习主要以机械记忆为主，而在高中阶段，学生的知识经验日益丰富，抽象逻辑思维已经成熟，传统的机械记忆已经不再适合学生的认知能力，所以，高中数学教师要主动探索科学的记忆方法，培养学生的意义识记能力，在记忆之前弄懂数学知识的形成过程，并将其纳入已学的知识体系中，使其成为永久记忆，在运用时可以信手拈来。教师要引导学生形成科学的记忆方法，首先，教师要让学生理解所要识记的内容，引导学生对需要识记的内容进行归纳和整理，使记忆内容清晰地呈现在学生眼前，对于比较抽象、难于记忆的内容，尽量赋予人为意义或与现实生活相联系，降低识记的难度。其次，教师要教给学生记忆的方法，比如常用的数形结合记忆、口诀记忆、联想记忆、关键词记忆等方法，提高学生记忆的效率。此外，教师还要锻炼学生的机械记忆，实现机械记忆和意义记忆的有效结合，使知识记忆更牢固。

夯实数学基础离不开做题，高中数学教师要优化课堂练习设计，通过习题巩固数学基础知识，提高学生的应用能力，培养学生良好的学习习惯。高中数学教师在设计课堂练习时，应当遵循目的性、层次性和针对性的原则，要准确地把握课堂知识的重点及难点，提高课堂练习内容的科学性，使课堂练习设计符合教学要求。对于高中数学课堂练习，教师应当从简到难、从基本到复杂地进行设计，掌握好课堂练习的难度，做好知识点的有效过渡和完美衔接，让学生在练习中一步步地掌握基础知识、巩固基础知识，促进思维的发展。高中数学教师在进行课堂练习时，应从学生的实际技能情况和教学内容出发，合理地设计课堂练习的重点和难点，有针对性地对学生进行知识强化训练，从而达到巩固基础知识的目的。

（二）激发兴趣，提升学生的思维品质

在数学核心素养中，思维发展占据着至关重要的地位。高中数学教师在教学的过程当中，应该培养和发展学生的思维品质，使学生的合作探究能力得到较大幅度的提升，积极发展学生在创新方面的思维和能力，从而达到提高教学质量的目的。

判断课堂教学是否有效不在于学生掌握了多少知识，而在于学生是否掌握了学习知识的方法和思维。很多高中生都觉得高中数学学起来抽象、晦涩、难懂，高中数学学习非常单调和枯燥。为此，高中数学教师必须创新课堂教学策略，爱护学生的好奇心和求知欲，充分激发学生的学习兴趣，调动学生的主动意识和进取精神。高中数学教师要打破传统一言堂的教学局面，积极开展自主合作探究的学习方式，在课堂上营造有利于学生自主学习的氛围，调动并保护好学生学习的积极性，为提升学生的思维品质做好准备。

"学源于思，思源于疑"，学生思维的发展是从疑问开始的，大胆质疑是推动人们探索未知世界的直接动力。在高中数学课堂教学中，教师要鼓励学生大胆质疑，不要迷信于教材和教师，要敢于提出自己的意见和想法，并引导和启发学生主动思考、积极探索，寻找解决问题的方法和途径。面对质疑，教师要鼓励学生各抒己见、畅所欲言，大胆表达自己的意见和看法，在合作探究中引导学生尝试采用不同的方法来解决问题，求同存异，提高学生发现问题、分析问题和解决问题的能力，培养学生的求异思维，同时培养学生的团队合作意识和竞争意识，提升学生的思维品质。在教学过程中，教师还可以结合教学内容，在学生的学习过程中故意设置问题障碍，以此来调动学生的探究欲望，拓宽学生的思路，培养学生思维的准确性和广阔性。

高中数学是一门科学、严谨的学科，教师在教学的过程中要抓住高中数学的学科特点，注意授课的逻辑性，注重知识点的衔接和联系，教学内容要有条理、有层次，符合高中生的认知特点。教师在教学中还要注重教学语言的运用，教学语言要具有逻辑性，思路清晰、简单易懂，对数学知识的讲解要字句斟酌、反复推敲，让学生在潜移默化中得到熏陶和提升，培养学生思维的逻辑性。

（三）联系实际，增强学生的实践能力

高中数学承载着立德树人的根本任务，在核心素养视角下，高中数学教

学越来越重视联系生活实际，将数学教学融入生活之中，实现课堂教学的生活化，提高学生的学习兴趣，增强学生的实践能力。

以往的高中数学教学都是重理论、轻实践，用"高、大、上"的语言进行课堂教学，使本就难学的高中数学难上加难，影响了课堂教学效率的提高。为此，教师需要转变传统的教学观念，改变课堂教学策略，意识到教学联系实际对学生数学学习的积极作用，在日常的数学教学中注重教学的生活化，将数学知识融入具体的、学生熟悉的日常生活事例中，拉近数学知识与学生之间的距离，引导学生在生活中发现数学问题，鼓励学生将所发现的数学问题和所学数学知识相结合，建立合适的数学模型，引导学生对数学模型进行深入的分析和研究，体会数学思想的应用，提高学生对所学知识的理解层次。教师在教学的过程中可以借助生活实例等学生比较喜欢的内容作为教学的背景，唤起他们对学习的浓厚兴趣，触发他们对知识的深入理解和综合认知，学会从数学角度观察生活中遇到的各种问题，促进他们综合素质的发展和提升。例如，当在课堂上讲解概率问题的时候，教师可以将其融入学生熟悉的抽奖活动中；讲利率问题时，可以为学生模拟银行场景等。将抽象难懂的数学知识与高中生熟悉的生活实际相联系，既可以提高学生的学习兴趣，又可以巩固学生在课堂上所学的知识。教师还可以通过角色扮演活动，在课堂上再现真实的生活场景，使学生在比较真实的生活情境中学到和掌握数学知识，体会到数学知识在日常生活中的灵活运用，从而进一步强化他们的应用实践意识。

在联系实际进行教学的过程中，教师还要指导学生合理地运用数学资源，注重数学的生活实践。在教学过程中，教师要注重教材的使用，对数学知识的讲解要透彻，帮助学生全面理解所学数学知识，并在此基础上鼓励学生到生活中去寻找相关的学习资源；在生活中，运用所学知识，帮助学生养成在生活中学习、在生活中实践的好习惯。教师在讲解教材内容时要注重与现实生活的联系，利用生活中的数学资源辅助课堂教学，引导学生借助课堂所学知识对生活中的常见问题进行解决和解释，使学生充分认识到数学学习的意义，调动学生学习的积极性，促使高中数学教学效率得到进一步提升。

（四）深刻理解，内化学生的品德修养

在核心素养视角下，将数学史融入数学教学中是高中数学课程教学改革的一大亮点。数学史是数学文化的最佳载体，它可以将每个知识点以历史发展的角度呈现，将原本分散的知识点进行重新整合，有助于学生构建完整的知识体系。学生在数学史的文化熏陶下，会增进对数学的理解，爱上数学。数学史具有丰富的内涵，其不仅包括数学概念、数学定理的起源和发展，也包括一些数学家的成长经历和一些经典的数学问题，通过对数学史的学习和研究，可以帮助学生深刻理解数学知识的形成、发展过程，使学生体会到数学的应用价值，认识到数学与实际生活的关系，认识到学数学是有用的，增强学生学习的信心和动力。

高中数学教材中的概念、原理、公式等都是以一种"高冷"的形态呈现在学生眼前，使学生感到生疏、高不可测，很容易让学生对数学学习失去兴趣。其实，数学教材中的每个知识点都经历了猜想、发现、推导、演算、发展、应用等一系列过程，是一代又一代数学家不断努力，经过无数次的实验才得到的，是人类智慧的结晶，是经过数代数学家点滴积累才形成的，具有极高的人文价值。如果在课堂教学中，可以将这些前人的思想和思维通过适当的方式呈现给学生，一定会让学生受益匪浅，激活数学的文化价值，丰富学生的学习情感，对提高课堂教学效率有着非常重要的意义。教师在教学中可以利用数学史作为课堂导入，通过向学生讲述数学知识的发展演变过程，激活学生的思维，鼓励学生运用前人的方式和方法大胆尝试，进行数学知识的研究和探索，再现数学家的推导演算过程，进而加深学生对数学知识的理解，将前人的数学思维深深地刻在脑海中，激发学生不屈不挠、攻坚克难、认真钻研的科学态度，促使学生树立坚定崇高的理想和信念，为学习注入强劲的动力。教师在教学时还可以借助历史情境，将原本抽象、晦涩的数学知识变得通俗易懂，化繁为简，让学生更加深刻地理解数学知识背后更深层次的含义，培养学生追本溯源、科学严谨的学习态度。

三、建立多元评价，形成合作意识

众所周知，评价是教育教学过程中不可替代的重要一环，在核心素养理念背景下，教学评价日益受到关注。教师根据教学内容和教学要求制定科学合理的课堂教学方案，对每一堂课进行合理评价，通过高效的教学评价，除了能够了解学生学习的实际情况，还可以有针对性地解决学生在学习过程中遇到的各种问题，帮助学生快速提升数学素养，还有助于教师完善教学过程，改善教学设计，将数学课堂教学推向新的高度。因此，高中数学教师在教学中要运用恰当的评价方式，建立多元评价，促进学生身心健康成长，帮助学生正确地认识自我，增强学生的综合素质，培养学生的合作意识。

（一）评价主体多元化

在课堂评价主体上，教师应当注意将教师评价、学生自我评价和相互评价以及家长评价有机结合起来，提倡构建多元主体评价的格局。

在高中数学教学中，被广泛使用的是教师评价。教师对学生的评价贯穿于学生的整个学习过程，教师的认可、肯定和赞扬，可以使学生获得成就感，增强学习的自信。教师在评价时要注意评价语言的运用，以温情来感染学生，触动学生的心灵，对学生的评价要因人而异，在尊重学生差异化的基础上，对学生的学习效果、学习态度、学习情感等方面做出客观、科学、合理的评价，拉近师生之间的关系，让学生感受到教师的温暖和关爱，对教师产生信赖感，从而构建和谐的师生关系，这将对学生的学习起到极大的促进作用，提高课堂教学效果。

在新课程标准中明确指出了学生自评的重要性，高中数学教师在教学中要鼓励学生进行自我评价，让学生对自己的学习过程进行反思和总结，学生自我反思的过程就是学生自我认识的过程，通过自我反思，学生不仅可以总结成功的经验，也可以反思自己的不足之处，进而及时地调整自己的行为，促进学习的深化。核心素养教育倡导自主、合作、探究为主的新的教学方式，因此，在教学过程中，可以采取学生互评或小组互评的形式，让学生在相互评价中学会交流、学会合作，相互学习，相互促进，培养学生的竞争意识和团队精神，有助于学生良好个性和健全人格的形成。

教师在对学生进行阶段性评价时还可以让家长参与到对学生的评价中，综合各种评价主体的评价信息，对学生做出科学合理的评价，深化教师和家长对学生的了解，促使教师和家长不断完善教学策略，为学生的健康成长创造良好的条件。

（二）评价方式多元化

由于高中生的性格特点、学习能力、学习水平等存在差异，因而在对学生做出评价时，要因人而异，这就需要教师掌握多元化的评价方式。在日常教学中应用最广泛、最传统的评价方式就是考试,核心素养视角下的考试评价不是机械地做题,而是被赋予了新的内容和形式,试题内容更加生动,更具有真实性和情境性。通过考试检验的不只是学生的知识掌握情况,更主要的是考查学生解决生活中实际问题的能力,通过成绩预测学生在真实生活中的表现,以此来提高学生的核心素养。传统的教学评价为了达到选拔、甄别的目的,往往会将学生置于严格的个人环境中,不允许学生渐进性交流和合作,学生面对数学问题只能孤军奋战,这种评价方式已经不符合当今社会对人才的要求,为此,教师可以开展合作评价,允许学生通过分工合作来解决数学问题,完成学习任务,通过对小组的整体评价和学生个人对小组活动所做的贡献,对学生个体做出科学的评价,提高学生对现实生活的领悟能力和创造能力。教师还可以开展"档案袋"评价,鼓励学生参与到"档案袋"评价标准的制定过程中,允许学生有自主选择权,学生可以根据自己的实际情况选择将什么装档,用档案袋来记录学生的成长过程,把学生的表现和点点滴滴的进步都记录到档案袋内,为学生提供自我反思和自我评价的机会。经过一段时间后,学生可以把自己的档案袋,内容和其他学生一起分享,相互学习、相互借鉴,促进学生的共同进步。课堂上教师的一言一行都在潜移默化地影响着学生,教师在教学中要注重体态语评价的运用,教师的一个点头、一个肯定的微笑、一个赞许的手势都会对学生产生巨大的影响力,不仅让学生感受到教师的亲切随和,还会增强学生的学习动力,产生"润物细无声"的教育效果。

评价的方式多种多样,教师在教学过程中要根据学生的具体情况和教学需要,灵活地运用各种评价方式,选择恰当的评价方式,对学生做出科学、合理的评价,以更好地考查学生的学习情况,掌握学生的学习、成长历程,为教师的进一步教学提供参考依据,使课堂教学效果达到最佳。

(三)评价内容多元化

在传统应试教育模式下,教师仅以知识和分数来评价学生,忽视了对学生学习过程、学习能力、心理素质等的评价,在一定程度上影响了学生综合素质的提高,阻碍了学生的发展。在新的时代背景下,社会需要的是知识、能力、情感、心理素质等多方面全面发展的人才。所以,在高中数学教学中,教师必须改变对学生的单一评价方式,实现评价内容的多元化。教师在对学生进行评价时，要努力拓宽评价的内容，既要对学生的知识技能做出科学的评价，又要对学生发现问题和解决问题的能力做出评价，还要对学生在学习过程中表现出来的情感、态度和价值观进行评价，使评价更全面、更科学。

在对学生进行知识评价时，教师要认真研读教材，把握教材的重难点，明确教学目标，给每个知识点制定相应的评价标准，以方便对学生的学习情况做出正确、恰当的评价。教师在课堂上进行恰当、到位的评价，有助于激发学生的学习兴趣和学习动力；对学生在学习过程中反映的知识和技能上的错误进行及时的点拨、评价，可以帮助学生及时纠正错误，避免学生偏离正确的学习方向，为学生的学习扫除障碍。教师在教学的过程中还要学会仔细观察，对学生在学习过程中所表现出来的计算能力、空间想象力、分析能力、操作能力、推理能力等做出科学合理的评价，以促进学生综合能力的提高。教师在教学的过程中还要加强与学生的交流和互动，及时捕捉学生的思维闪光点，对学生的创新思维和突出表现适时地做出恰当的评价，促进学生不断进步。教师还要对学生在学习过程中所表现出来的数学学习兴趣、学习动机、学习态度、情感意志等方面做出评价，对学生进行正确的思想引导，调动学生的认知活动和思维活动的积极性，强化学生的学习动力。

（四）评价标准多元化

世界上没有完全相同的两片叶子，每一个学生都是一个独立的个体，他们有着不同的需要与兴趣，教师评价学生时应针对学生差异，设计多元化评价标准。多元评价不仅有利于因材施教，还有助于促进全体学生共同进步与发展。教师在开展教学的时候，能够依据学生的性格、学习水平等把学生分成若干等级，并针对不同等级学生学习水平的差异设计出不同的评价标准，围绕学生的最近发展区设置评价标准，给每个学生都创造提升的机会，制定适合的目标。

在设计科学的多元化评价目标之前，教师要对学生进行科学合理的分层，将学习基础扎实、学习能力强、学习积极性高的学生划分为高层；将学习基础比较扎实、学习能力比较强、具有很大提升潜力的学生划分为中层；将学习基础薄弱、学习能力差、缺乏学习自主性的学生划分为低层。将学生进行层次划分并不是把学生划分出三六九等，而是为了更好地对学生进行教育教学，真正地做到因材施教。

评价标准是高中数学教师开展课堂教学的依据和目标，也是学生学习的方向和动力。在制定评价标准时，高中数学教师不能采取传统的评价标准制定方式，统一的评价标准已经不再适应核心素养教育的要求，教师要在学生分层的基础上，根据教学要求为不同层次的学生制定适合他们发展的评价标准，提高课堂教学的针对性，让每个学生都能达到适合自己的发展目标，增强学生学习的信心。

对于学习水平较差的低层次学生，要设计基础性的评价标准，这也是其他两个层次的学生必须要达到的评价标准，要求他们掌握最基本的数学知识，会用数学知识解决基础性的数学问题。因为这个层次的学生数学基础比较薄弱，容易产生自暴自弃的学习心态，对于这类学生，教师在评价时要给予更多的关注、关心和耐心，给予他们更多的关怀和鼓励，对他们在学习中取得的进步，哪怕是细微的亮点，都要及时做出肯定和表扬，帮助他们树立学习的信心。对于中层次的学生，教师要设计中层次的评价标准，要求学生在掌握数学基础知识的同时，提高数学知识和数学思想方法的运用能力，能够运用所学知识解决生活中的实际问题，并要求该层次的学生在教师的引导下逐渐向高层次学生靠拢。中间层次的学生比上不足，比下有余，很容易产生懈怠的学习心理，教师在评价时要多给予其鼓励和表扬，多为他们创造表现的机会，让他们体会到学习的成功和喜悦，使其保持长久的学习兴趣和学习动力，引导其向更高层次迈进。对于高层次的学生，要设计高层次的评价标准，在达成基础性教学目标后，还要提高学生的综合运用能力，要求学生进行拔高训练，获得更大的发展。教师在对这类学生进行评价时，不光要给予其鼓励和肯定，还要指出他们的不足，甚至故意设计一些"挫折"，使他们明白自己的不足，提高他们的抗挫力，避免出现恃才傲物、高傲自大的不良心态，引导他们精益求精，向更高、更强发展。

高中数学教师在设计评价标准时，要保证标准的关联性和递进性，确保高层次的学生可以向更高层次发展，中层次的学生经过努力可以达到高层次的标准，而低层次的学生只需完成基本的学习任务即可，用简单、易达成的评价标准帮助他们找回学习的兴趣和自信。教师在设计多元化评价标准时，一定要坚持以学生全面发展为中心的根本原则，在强调个体发展的同时注重整体推进。评价标准的制定必须是面对所有学生的，要保证每个学生都能接收到不同程度的知识，教师在教学时要坚持循序渐进、缓慢推进的原则，使教学的各个环节得以完美地接洽和融合，进而实现整体推进，促进全体学生的发展。

四、使用数学语言，提高学习能力

数学语言是数学思维的载体，是数学思想的表现形式。数学语言也是语言的一种，但它和汉语、英语等语言具有显著的区别。从学科内容上分，数学语言包括数学概念、数学术语、数学定理等抽象性的数学语言，也包括符号、公式、算式、图表等直观性的数学语言。从外在形式上，数学语言可以分为文字语言、符号语言、图形语言三类，每种形式的数学语言都有其独特的优越性，比如文字语言科学、严密、规范，揭示了数学知识的本质属性；符号语言书写方便、旨意明确，将复杂的数学知识用简单的形式呈现出来，便于学生思考；图形语言直观形象，方便学生记忆和理解，有利于学生的思维发展，也有助于问题的解决。在高中数学教学中，正确、有效地运用数学语言，教会学生正确地使用数学语言，可以使学生对数学知识掌握得更清楚、更深刻，更容易抓住知识的本质。运用好数学语言对数学课堂教学具有事半功倍的作用。

随着现代科学技术的发展，数学语言已经成为一种通用的科学语言，被广泛地应用到各领域和各学科之中，成为人们交流各种科学思想的工具，也成了各领域之间和各学科之间相互联系的桥梁，数学语言的重要性和作用不言而喻。数学语言是数学知识的载体，也是数学知识的重要组成部分，各种数学知识都是通过数学语言呈现出来的，数学知识是数学语言的内涵，而数学语言则是数学知识内涵的体现，学生对数学知识的理解和掌握也就是对数学语言的理解和掌握。一个不能理解数学语言的人也就谈不上对数学知识的理解。所以掌握数学语言是学习数学知识的基础，也是数学教学开展的前提。核心素养视角下的高中数学教学注重对学生解决问题能力与实践能力的发展，对数学语言的掌握则是学生数学能力发展与提升的先决条件。在高中数学课程中，有很多知识点涉及数学语言的运用，学生只有掌握了数学语言能力，才可以真正读懂数学问题，深入分析与探索数学问题，快速发现解题的"钥匙"，因此掌握好数学语言，从某种意义上来说是解题的重要先决条件。

数学语言的表达方式主要分为口头语言、文字语言以及符号语言等，在具体运用时可以根据不同情况选择使用。从表面来看，数学语言不仅简单枯燥，还十分单调，但是通过对数学语言的深入学习和了解，就会发现其中蕴藏着丰富的内涵，具有无穷的魅力。掌握数学语言，可以将学生对数学学习的浓厚兴趣和积极性充分激发和调动起来，从而进一步加深他们对数学知识及外部世界的认识与理解，有利于启迪与调动他们活跃的思维活动，有利于其思维发展。由此，数学教师要重视对学生数学语言能力的培养，让学生更好地理解数学概念，并用正确的语言表达自己的思想。高中数学教师要将数学语言应用到实际教学中，与此同时，要对学生数学语言能力进行有目的、有计划、有意识的训练和培养。

（一）创造机会，培养学生的数学语言习惯

1. 营造宽松的学生发言氛围

在实际教学中，很多学生担心自己回答问题时出错，因而在课堂上不敢发言，还有些学生因为准备不充分，在数学课堂不主动进行发言，这些都是数学课堂上的常见现象，也是制约数学课堂教学效果的重要因素，也正是因为这些问题的存在，使得学生的数学语言表达能力得不到有效的锻炼，阻碍了高中生数学语言能力的发展。为此，数学教师必须转变传统的教育观念，把数学课堂归还给学生，通过情境创设和各种先进教学手段的应用，千方百计地为学生营造一个宽松、愉悦、民主的学习氛围，而不是把学生当作学习的工具和知识的"储存罐"，要给予学生充分的自由和空间，给学生提供运用数学语言的机会，这样学生才会在课堂上无所顾忌地发言，才会无拘无束地说出自己的想法。当学生运用数学语言回答问题、分析问题时，教师要对学生给予积极的肯定和鼓励，培养学生在数学课堂上运用数学语言的良好习惯，提高学生数学学习的专业性和规范性。教师在设计课堂提问时，要充分考虑学生的差异性，多设计具有层次性的问题，给每个学生创造使用数学语言回答问题的机会，让每个学生都能感受到数学语言的应用价值，进而把使用数学语言解决数学问题发展为一种学习习惯。

在学生发言的过程中，教师要认真倾听，表现出对学生的尊重。学生发言过后，教师要对每一位学生的发言进行点评，当学生说不出、说不对、说得不完整时，教师也要对其学习态度给予鼓励和肯定，并给予学生必要的帮助，鼓励其不怕说错、大胆表达，增强学生的学习自信，当学生发言中有独到见解时，教师应该毫不吝啬地给予鼓励和正面的引导。在这样的环境中，学生会逐步形成良好的、健康的交际心理，为数学语言的运用和数学语言能力的培养提供可靠的保证。

2. 纠正学生数学语言的错误

高中生数学语言的表达过程就是学生的思维过程。由于高中数学知识较难，学生在学习数学时经常会有对数学知识理解不透彻的情况，使学生在运用数学语言表述问题、解决问题的过程中经常出错。面对学生的错误，教师不要妄加指责，而是要多和学生进行交流和沟通，了解学生的思维和思考方式，帮助学生查找错误的根源，从源头上帮助学生纠正数学语言的运用错误，使学生建立正确的使用规范，避免同类错误的再次出现。高中数学教师在教学中还要善于观察，及时发现学生学习过程中出现的数学语言错误，及时指出并帮助学生进行改正，使学生形成正确的认知。教师还可以根据学生的出错之处开展专项练习，以加深学生对数学语言的理解和运用，巩固数学语言在学生脑海中的印象。

3. 规范学生的课堂用语习惯

高中生的语言习惯和思维方式即将成型，但还具有一定的可塑性，教师要抓住高中这个关键时期，在教学过程中多创造机会和条件来锻炼学生的数学语言能力。在课堂上，教师应要求学生用数学专业术语来回答问题，避免用俗语或口语化的语言来回答问题，规范高中生的课堂语言；教师还要着重训练学生的逻辑思维能力，要求学生在回答问题时思路清晰，语言具有条理性和完整性，学会规范地使用数学语言；在做题的过程中，教师也要注重学生解题步骤和书写内容的规范性，尽量用数学符号来表述解题内容，让学生用规范的数学语言将自己清晰的逻辑思维展现出来，方便教师对学生思维过程的把握，有助于学生良好思维习惯和书写习惯的养成。

（1）启发引导，对学生开展数学语言训练

核心素养视角下的高中数学教学不再是简单的数学知识灌输，数学教学过程伴随着数学交流的过程，既包括教师和学生的交流、学生和学生的交流，也包括学生与教材、学生与教学媒体、学生与社会的交流，数学语言实际上是交流、沟通的重要工具与媒介。对学生数学语言的开发是促进学生交际能力提升的关键所在，因此高中数学教师在课堂上教学的时候，应该积极培养和发展学生用规范、正确的数学语言准确地表达自己的思想，引导学生用数学语言进行交流，开发学生的语言天赋，使学生在数学交流中的表达有条理、合乎逻辑、既完整又简练。

（2）引导学生在课堂教学中用数学语言进行交流

课堂是学生使用数学语言、形成数学语言的良好场合，高中数学教师在教学的过程中要抓住每个教学环节，结合教学内容，有意识地引导学生进行说话训练，引导学生在课堂上用专业的数学语言讲思路、讲算理、讲解题过程、讲分析过程、讲操作过程，引导学生将自己的所看、所想用数学语言口头叙述出来或呈现在书本上。在应用题的教学中，教师可以引导学生口头叙述、分析题中的已知条件和问题，口头叙述数量关系和解题思路，以此来锻炼学生的逻辑思维和数学语言表达能力。

（3）开展教材阅读训练

长期以来，高中数学教师对数学语言存在片面的认识，认为语言的表达应当附属于语文教学，并没有从思想上对其加以重视，导致很多学生对数学语言信息缺乏敏感度，语言之间的思维转换不流畅，缺乏数学思维，在数学的学习过程中困难重重。为此，高中数学教师必须提高对数学语言教学的重视。就高中数学的学习而言，教材作为学习的中心与核心所在，可以说是数学语言的集中表达，教师应充分按照教学需要以及学生的认知特点，有针对性地让学生阅读相关教材。通过对教材内容进行适当的加工处理，引导学生自主探索知识，培养他们分析问题、解决问题的能力。教师在课堂预习阶段，应该给学生提供自由阅读课本的机会与时间，通过阅读教材让学生学习、掌握严谨的数学语言，提高自己的表达水平。在课堂上，教师也可以带领学生进行数学教材的阅读，在阅读时给予学生一些帮助和指导，深化学生对数学语言的理解。

（4）利用课堂小结训练学生的数学语言能力

课堂小结是高中数学教学的重要组成部分，不仅能够提高学生的综合概括能力，还能够让学生对所学知识进行及时的回忆和巩固。高中生的学习能力各不相同，但通过教师的引导和启发，每个学生都能参与到课堂小结之中。在课堂教学结束后，教师可以引导学生对本节课所学的知识点进行回顾和总结，让每个学生都谈谈自己的课堂收获，为数学语言的运用创造机会。有些学生的语言虽然简洁，但抓住了教学的重点。经常利用课堂小结来强化学生对数学语言的运用，不仅可以提高学生的分析概括能力，促进学生的智力发育，还能达到全面育人的目的。

（5）利用动手操作强化学生数学语言的应用

高中数学是一门实践性很强的学科，很多数学知识和数学问题需要学生亲自动手操作，而动手操作是学生手脑并用的协同活动，通过动手操作，学生可以获得第一手的感性认识，再通过一系列的思维活动，将感性认识上升为理性认识。教师在动手操作教学的过程当中，应该尽可能多地给学生创设和提供机会，让学生通过对数学语言的灵活运用，将操作过程、知识形成过程条理清晰地讲述出来，融动手操作、动脑理解与动口表达于一体，变感性认识为内在智力活动，从而促使学生对数学知识有更深刻的认识和理解，锻炼他们语言表达能力的同时，也促进其运用能力的提高，养成更加科学的数学语言运用好习惯。

（二）规范自身，深化教师对学生的影响

教师是学生学习的榜样，教师的一言一行无时无刻不在潜移默化地影响着学生，教师的言行是一本无形的教材，对学生的成长和发展具有不可估量的作用。高中生模仿力很强，教师的数学语言对学生的数学语言有非常直接的影响。因此，作为一名高中数学教师，应该在教学中有意识地培养自己的数学语言，并将其巧妙地融入课堂之中。数学语言标准的教师，教出的学生有着更加标准和规范的数学语言，并且语言方面的表达能力也比较强。在高中数学教学中，数学教师必须注重提升自己的语言艺术水平，唯有如此才能使课堂教学效率得到有效的保障和提高，所以教师在教学过程中应不断地提高自身在语言方面的修养和能力。教师在数学语言上的正确示范对培养和发展学生的数学语言能力具有积极作用。

数学语言是课堂教学中教师传授知识方法、传递思想感情的重要工具。教师应以严谨、认真的态度去运用数学语言，以达到启发、感染学生的目的。高中数学的教学内容较多，但教学课时有限，教师需要在短时间内最大限度地传递信息，所以，教师的数学语言就要做到简洁精练、清晰流畅、通俗易懂、易于学生理解和接受，同时还要结构严谨、层次分明、衔接自然，突出学习重点，增强知识的逻辑性，便于学生掌握。高中数学具有单调、枯燥的特点，教师在运用数学语言教学时，要注重语言的形象生动，力求用幽默风趣的数学语言对枯燥的数学知识进行细致的描绘，增加课堂教学的吸引力，促进学生更加全面、更加透彻地理解知识，学会数学语言的运用。严谨是高中数学的另一重要特征，教师在课堂教学中必须使用规范化的数学语言和学生进行沟通和交流，为学生提供良好的范本，让学生充分感受到语言的巨大魅力，从而主动地去对教师的规范行为进行模仿，进而提高自己的数学语言能力。

五、巧用思维导图，建构知识体系

随着教育体制的不断改革与创新，高中教育更加重视培养学生的创新思维与综合素质。运用思维导图辅助教学对培养学生的思维有着关键性作用，可以帮助高中生实现更好的发展，尤其是高中数学学科，其知识点复杂、繁多、零散，对学生的要求较高，既要有较强的理解能力和分析能力，又要有较强的推理能力和逻辑能力。因此，在高中数学教学中运用思维导图具有得天独厚的优势，可以改变传统的灌输式教学模式，增强教师与学生在课堂上的互动交流，帮助学生构建系统化的知识结构，有助于学生养成良好的学习习惯。高中数学教师要充分认识到思维导图的重要作用，在教学中科学合理地运用思维导图，全面提高高中生的核心素养。

（一）在课前预习环节运用思维导图

思维导图是促进高中生数学认知结构发展的重要手段，课前，数学教师要做好充分的准备工作，结合教材内容和实际学情，为学生布置预习任务，借助思维导图深化学生对数学知识的理解和学习。随着新课改的推进，课前预习的重要性日益凸显，成为培养学生自主学习能力的重要途径。一般来说，课前预习的任务主要有两点，一是复习巩固已学知识，二是初步感知新知识。在以往的课前预习中，很多学生都是简单地把书本上以前学过的知识或笔记看一下，再把要学的新内容随便地浏览一下，课前预习成了一种表面形式，对课堂教学起不到应有的促进作用。而在课前预习环节中引入思维导图，可以极大地提高课前预习的效率和效果。

高中数学教师要利用思维导图实现学生的自我探索。高中数学教师在布置预习任务时，可以为学生明确预习的目标，引导学生根据预习目标进行自主探索，自己绘制思维导图。教师可以指导学生以预习任务为中心点，向周围扩散。教师要引导学生对预习任务进行思考，唤起学生对学习主题的知识储备，让学生对已学过的知识进行回顾，可以起到查缺补漏的作用，建立起新旧知识间的联系，帮助学生完善知识结构。学生在对预习任务进行回顾和联想之后，进入新知识的预习过程，这时教师要指导学生先从头到尾阅读教材内容，对新知识内容有全面系统的了解，明确教材内容的要求、重点和难点，用关键词和容易辨识的符号画出整体的预习框架；之后，教师再指导学生对教材内容进行细读和研究，将思维导图的分支进行细化，将其不断完善，并将自己不理解的、通过自学无法解决的疑难问题找出来，用鲜明的色彩和符号做好标记，以便课堂听讲时可以有所侧重，提高课堂学习的针对性和目的性，使学生由被动学习变为主动学习，提高学生的求知欲。教师也可以从学生绘制的思维导图中获取更多有价值的信息，了解学生的学习需求，明确教学的重难点，从而在课堂上有的放矢地进行教学，大大减少无效劳动，提高课堂教学效率。教师还可以指导学生利用计算机软件绘制思维导图，创新思维导图的绘制形式，增强课前预习的趣味性，让学生感觉到利用思维导图辅助学习是一件快乐的事，提高学生学习的积极性。

高中数学教师还可以用思维导图的形式设计导学案，借助思维导图引导学生进行课前预习。学生对照教师设计好的思维导图，对新知识进行预习，能够有效地提高预习效率。学生可以一边看着教师绘制的思维导图，一边进行思考，并进行教材内容的阅读和分析，将不懂的地方用明显的标记标注出来，也可以将自己的理解添加到教师的思维导图中，使其更加符合自己的学习需求，使自己的知识结构更加完善。

（二）在课堂教学环节运用思维导图

高中数学的知识点增多，学习难度也不断增加，高中生的学习负担也比较沉重，而课堂又是高中生获取数学知识的主要场所，因此，想让高中生学好数学，就必须提高课堂教学质量，让高中生在课堂上可以吸收和消化更多的数学知识，提高课堂教学效率和教学效果。在核心素养视角下，高中数学教学更注重培养学生的数学思维和数学素养，将学生的素质培养作为重要的教学任务。在高中数学学习中，运用思维导图可以活化高中数学知识，帮助学生构建数学知识体系，理清学习思路，有利于促进学生的全面发展。在高中数学教学中，课程导入是非常重要的一环。人们常说好的开始是成功的一半，好的课程导入可以使课堂教学事半功倍。一般来讲，成功的课程导入既要能吸引学生的注意力，使学生可以尽快地进入学习新知识的环节，还要把新旧知识联系起来，为新知识找到源头，便于学生理解和掌握。比如教师在教授"指数函数"时，通常情况下以复习指数的知识作为课程导入，这种课程导入既简单又直接，很容易就能建立起新旧知识间的连接，但是这种课程导入方式缺乏趣味性和探究性，对学生缺乏吸引力，容易让学生分神。而如果利用思维导图则可以有效地吸引学生的注意。高中数学教师可以在课前制作一个没有完成的"指数函数"思维导图，让学生主动地去回顾旧知识，对思维导图进行完善，激发学生的学习热情，帮助学生构建系统的知识体系，通过对思维导图的完善，逐步过渡到新知识的学习中。

高中数学包含大量的数学概念和定理，学生常抱怨数学太难，其主要原因在于学生没有将新学的知识和已有知识建立起联系，学习的知识过于分散，没有形成完整的知识体系。而思维导图可以将抽象的定理、概念转化为图像，并通过相关的分支建立起知识点间的联系，将抽象的数学概念和数学定理变得可视化，帮助学生从整体上把握数学知识。在高中数学教学中，实践操作的重要性不言而喻，它是理论知识的深化与灵活运用，是促进学生全面发展的重要途径。而传统的数学实践操作大多是由教师口述原理和过程，学生在短时间内很难记全、记牢固，因而，在自己实践操作时经常会出现失误，影响学生的学习体验和学习效果，而思维导图可以很好地解决这一问题。在实践操作前，数学教师可以运用思维导图将原理、器材、步骤及注意事项等直观地呈现给学生，让学生做好记录，深化学生的认知，提高实践操作的效率。在课堂教学中，大部分学生记笔记的方式仍然比较传统，只是将课本上的知识点或将教师的板书密密麻麻地转移到笔记本上，抓不住记笔记的重点，当学生在课后巩固知识时，只能从头看起，缺乏效率。而思维导图作为一种简单的画图工具，可以将数学知识点以图像的形式呈现出来，将各知识点间的联系清晰明了地展现在学生眼前，同时借助线条和字体颜色的不同，有效激发学生的记忆力，可以让学生更加直观、准确地抓住学习的重点和难点，有助于学生发散性思维的拓展。所以，教师在教学的过程中要让学生养成以思维导图记笔记的好习惯，提高学生的课堂听讲效果，也为日后复习打好基础。在教学中，教师也可以一边讲解知识，一边绘制思维导图，让学生在思维导图的引领下进入深度学习，使学生可以更清楚地了解知识点间的关联和内涵，提高学生的数学学习效率。

（三）在课后复习环节运用思维导图

思维导图的运用简化了教学步骤，提高了教学效率，弥补了课堂教学的缺陷，便于学生构建知识体系，也为高中数学复习带来了极大的便利。高中数学教师要善于运用思维导图辅助数学复习，激发学生的学习兴趣，使学生积极地投入数学复习中，挖掘数学知识的重点和难点，指导学生掌握复习技巧，提高数学学习水平。

高中数学复习课是强化学生数学知识、增强学生数学能力的重要课程，高中数学教师可以运用思维导图引领学生开展复习，再现各个数学知识点之间的联系，更好地理解数学概念、公式、定理等，掌握正确的学习方法。比如复习导数知识时，教师应设计出升华学生思维的复习方案，可以通过大屏幕为学生展示切合实际的思维导图，其中包括导数概念、导数求导法则、导数的应用等，使学生深入理解导数，掌握基本的求导方法和导数在现实生活中的应用。教师通过思维导图再现导数的各知识点，以此引入数学复习，可以让学生真正融入复习课中，学会基本的数学思维方法，提高学生的复习效率。

传统的数学复习课以教师为主体，教师在讲台上滔滔不绝地讲知识点，学生在座位上被动地接受，缺乏互动和交流。在核心素养视角下，高中数学教师要创新课堂互动模式，利用思维导图增进学生与数学知识的联系，从而提高其数学运用能力。教师可以根据某一复习模块，开展小组合作学习，让学生以小组合作的形式绘制思维导图。教师也可以提出一些关键词，然后让学生以头脑风暴的形式进行补充，并对相关内容进行积极的讨论，最终在小组成员的共同努力下绘制出反映各个知识点之间联系的思维导图。通过这种形式可以加深学生对知识点的记忆和理解，帮助学生梳理知识脉络，有助于学生系统化地复习，同时也提高了学生的合作能力，增强了班级的凝聚力。

在高中数学复习过程中，做题是必不可少的，教师可以根据思维导图设计多样的复习练习题，提高复习练习的针对性，将理论知识和具体应用结合起来，加强新旧知识间的渗透，使学生灵活地运用数学知识，掌握科学的解题方法，提高复习效果。

在复习时，教师可以让学生按照自己的理解和思路设计一份个性化的思维导图，设计完成后，学生相互评价，通过对比和探讨，查找自己的知识漏洞和不足，从而更好地完善自己的思维导图，提高自己对知识的理解和掌握，不断完善自己的知识体系。教师还可以让学生对思维导图进行自评，让学生说一说绘制思维导图过程中遇到的困难以及通过绘制学到了什么，通过学生自评，教师可以了解每个学生的认知差异，及时发现学生的薄弱环节，进而优化复习课设计，提高复习效率。

总之，思维导图是一种行之有效的教学方法，对于提高学生的学习效率和数学复习质量具有很强的推动作用。高中数学教师要充分发挥思维导图的优势，注重思维导图与实际学情的结合，给学生提供多样化的学习方案，鼓励全体学生都参与到课堂活动中，指导学生的数学学习方法，巩固所学知识，为学生的全面发展提供帮助。

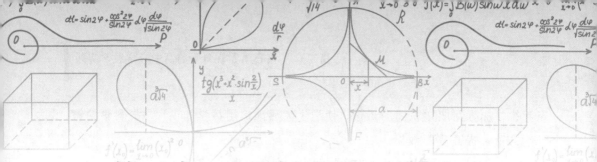

第三章　新课程视角下的高中数学教学实践

本章介绍了新课程视角下的高中数学教学实践，主要从两个方面进行了阐述，分别是新课程视角下的高效课堂教学、新课程视角下高中数学教学与信息技术的整合。

第一节　新课程视角下的高效课堂教学

一、高效课堂的概念

（一）高效的概念

"高效"就是对课堂教学活动所达到的"质量"和"价值"进行科学评判，简单来说就是要使教学活动的效果、效率和效益最大化。所谓教学效果，是就实际教学活动结果与预期教学目标是否相符专门进行的一种评定，它既包括学生知识技能、态度情感等认知因素的学习成果，也涉及教师的教以及教学方法的运用等行为方式，更包含了师生双方共同参与的教学相长过程。教学目标并非固定不变，它会随着教育价值观及其他方面的进步不断发展和改变，教学目标作为当前阶段基础教育教学中的目标，不具有永恒性。教学效益指教学活动中所获得的利益以及教学活动价值得以充分实现的程度，换言之，是对所设定的教学目标是否符合社会及个人教育需要所进行的一种评价。

（二）高效课堂的概念

所谓"高效课堂"，就是在正常的课堂教学活动条件下，经过教师正确的引导与学生主动积极的思考，以高效能、高效率的方式，实现既定教学任务，最大限度地提高学生能力的课堂教学模式。它体现了现代教育思想对课堂教学的新要求，也是广大教育工作者所追求的一种理想的教学效果。

高效课堂以提高学生的学习能力为核心，所以高效课堂被视为素质教育中的"素质"。高效课堂以学习能力为主要内涵，如果课堂教学只停留在知识层面，脱离了学习能力的训练与培养，那么这种课堂教学就属于低层次乃至应试课堂教学。高效课堂强调通过师生互动来促进教学目标的达成。高效课堂提倡从发展学生学习能力入手，锻炼他们自主参与能力，使其可以真正"动起来"，直接和知识对话，通过自己的努力去发现问题、解决问题，并将所学应用于实践中，因此这是一个"学习"的过程。学习是一种体验，也就是经历失败、反馈和矫正。

二、新课程对高中数学高效课堂的要求

新课程对高中数学高效课堂的要求：一是教师要有明确的教学目标；二是学生可以自主预习，在预习的过程中找到问题所在，对自己提出的数学问题有一个初步了解；三是组内、组间可以就所发现的数学问题相互合作与学习；四是与课堂实际相结合，可以有效扩展延伸课堂知识；五是通过小组讨论和交流促进教师反思自己的课堂教学行为，提高自身专业能力；六是教师和学生能总结和评价当堂课堂活动；七是体现数学在社会生活中的价值。

所以，从事高中数学教学工作的一线教育工作者非常有必要将这些思想深入贯彻到数学课堂的实施过程当中，从而使新课程目标顺利实现，让学生成为受益者的同时，促进我国教育事业得到更好的进步和发展。

三、新课程视角下高中数学高效课堂的构建

（一）新课程视角下高中数学高效课堂模式的内涵

对高中数学高效课堂教学进行合理设计，可以让学生借助课前准备，全面掌握课堂所学内容，在课堂上解决遇到的问题，同时课后进一步巩固课堂知识，真正实现课内外完美融合，实现高效课堂的最终目的。

教学模式是将学生特点与教学素材、教学目标和特征等相结合，以科学

教学理论为指导，对教学过程进行合理设计，同时给予相关教学策略与教学方式。随着新课改的实施，传统的数学教学模式已经不能满足现代教育发展的需求，所以需要对其进行改革创新。新课程视角下高中数学教学模式，将教学理论抽象地与具体教学经验相结合，给广大教育工作者提供了行之有效的教学策略与手段。

在新课程视角下，学生是高中数学有效课堂教学的活动主体，是生生之间互相提问、小组合作探讨问题、获得最终的正确结果等重要步骤和环节的执行者。教师要想让数学教学取得好效果，就必须重视对学生提问能力的培养和训练，以培养和提高学生数学思维品质为教学目标，通过各种方法让每一位学生主动、积极地参与到学习中。在新课程视角下的高中数学高效课堂中，教师必须重视学生的参与意识和学习兴趣，关注学生的个体差异，同时学生之间是相互平等的，每一位学生都拥有发言权，学生可以各抒己见，将自己的想法充分表达出来，形成一个民主和谐、互帮互助、共同发展的良好氛围。可以说，这是一个和谐，充满竞争、生机和活力的课堂。新课程还要求教师对学生的活动进行适时的评价和适时的指导与点拨，这就需要教师能够准确把握学生的学习状况和发展水平，并适时做出相应的调整。教师在教学过程中应尊重每一位学生，并根据他们在课堂上的不同表现灵活调整。在数学教学中，教师通过合理有效的手段，将数学知识以直观形象的形式呈现给学生，使其能够快速理解和掌握所学内容，提高课堂教学效率，其中演示环节既是对知识的展示，又是对知识的凝练和升华。

在新课程视角下，教师能够对学生开展具有展示性的课程教学。在高中数学高效课堂中，展示性课程教学的展示内容主要是学生新知识预习情况的具体反馈，小组以不同的方式展示知识，如相声、话剧等，分享学习成果，教师对学生进行点评、纠正和总结。展示性课程教学能够充分激发学生对数学学习的兴趣和积极性，使其主动投入到课堂教学中来。展示课的时间虽然有限，但是众多学生的参与、思维的碰撞，教师正确、有效的点拨，正面的评价鼓励以及学生的即兴发挥等，都彰显了展示性课程教学的和谐与高效。

新课程视角下的高中数学高效课堂教学模式流程示意图如图 3-1-1 所示。

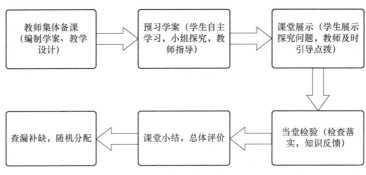

图 3-1-1　高效课堂教学模式流程示意图

（二）新课程视角下高中数学高效课堂模式的原则

1. 科学性原则

事实上，数学从某种程度上来看本身就是一门学问，站在其意义的层面上看，可以知道它是研究数量的学问，是关于演算、论证和模式的科学。教学模式是教学思想在教学活动中的体现，所以模式在实施过程中必须要将科学性作为前提条件，这是实施模式最根本的原则。新课程理念下的高中数学教学模式必须具有可操作性和有效性。建构高效课堂教学模式，不管是理论还是流程等，都需要具有科学性和可信性。模式在实施过程中必须遵循学生认知规律，在先进教育理论的指导下，明确教学的目标，突出教学的重点和难点的同时，设计出与学生能力和认知相符合的教学方案，同时遵循"因材施教"这一基本理念。教师把握了科学性原则，既能建立正确的数学观、数学教育教学观，又能向学生有效传达数学观与数学教育教学观。如果没有科学性，课堂教学模式就不会使数学学习变得有效。因此，在运用高效课堂教学模式的过程中，不管是在程序执行方面，还是在内容选择方面，都必须具备科学性。

2. 创新性原则

随着教育事业的发展，创新已经成为现代教育的关键词，高效课堂教学模式的存在，就是为了提升课堂效率和质量，一改过去那种以教师讲解为中心的灌输式教学模式，构建一种以教师为主导、学生为中心的教学模式。在教学中，教师既要注重对教学模式、教学方法等多个方面的革新，又要注重对学生创新意识的培养、训练和提升。培养创新意识是数学教育中的一项重要工作，也是日常数学教学中应该着重体现的内容，因此如何将"创新"渗透到数学教学中，是摆在每一位数学教师面前，亟待解决的课题。

所谓数学创新意识，就是建立一定的数学知识体系与数学方法体系，并且在此基础上形成数学发现意念或者动机，它是从一定的数学情境中得到启发产生的，要想更好、更有效地启发学生产生创新意识，教师需要做好以下几个方面的工作。

（1）通过不同的方式将学生的问题意识充分激发出来

教师在教学过程中应根据所讲授的知识，为学生提供有利于发展思维的问题情境，科学指导学生多思多问，同时应该对学生进行有效的指导，让学生积极、主动地解决所提问题，以达到培养和提升学生解题能力的目的。

（2）注重学生的合情推理

教师要启发学生思考知识产生的背景，指导学生对素材进行观察，并运用类比、分析等方法，对规律进行归纳、总结与猜想，然后进行合理验证。

（3）培养学生的思维模式

教师在课堂上教学的时候，应该给予学生充分思考的时间和空间，使他们能够思考数学知识和数学方法，彼此交流思想，总结结论。布置的任务应该适量，根据不同学生的能力布置合适的任务，使他们能够持续地体会到成功的快乐，从而形成属于自己的独特思维模式。

3. 趣味性原则

高中数学作为一门十分抽象的学科，具有很强的逻辑性。众所周知，课堂是学生学习知识的主要场所，所以教师在课堂上教学的时候，要从各个方面增强趣味性，吸引学生的注意力，激发他们的学习兴趣，使他们对数学爱不释手。如何使数学课堂教学更有情趣？教师在教学过程中要做好以下工作：首先，借助各种方式，努力营造温馨和谐的课堂，只有让学生置身于一个宽松、和谐、温馨以及平等的氛围和环境之中，才会增强其学习的兴趣，促进其思维发展和调动其数学学习激情。其次，教师应该尽可能地风趣幽默，平易近人。学生比较喜欢风趣幽默的教师，教师的幽默感能够有效驱走数学课堂上的枯燥与沉闷，开启学生心智和思维，成功激活课堂气氛，进而促使数学课堂高效、顺利进行。

4. 情感性原则

情感是人们内心对客观事物的体验，是客观事物能否符合主观需要评价的体现。在教育教学中，情感因素具有重要意义，它影响着教学活动的成败及教学效果的优劣。传统课堂模式过多地强调对知识的教学，忽略了学生感情的真实感受和体验。新课程改革强调教学过程中学生要主动参与、乐于探究、勤于动手、交流合作，倡导自主、合作、探索的教学方法。新课改推行以来，在其深入影响下，越来越多的教师不仅开始注重培养和发展学生的能力，也开始强调对情感态度、价值观的培养。每一节课的学习目标都是三维目标，并且将每一节课中的价值观和情感态度通过不同的方式展现出来。教师在教学的时候应做好以下几方面工作：首先，既要注重引导学生对学习过程产生积极情感体验，又要不断地从数学学习以外的其他活动中发现体验的来源。其次，注重学生对数学学习不断的探究、猜想，培养和形成积极的科学态度与理念，进一步丰富数学学习情感体验。最后，既要培养和发展学生独立思考的好心态和好习惯，又要积极培养学生和教师、学生和学生之间合作学习的方式，使学生在自学、对学等方面有不相同的感受和体验。

5. 参与性原则

随着新课程教育的改革和发展，现今的课堂教学倡导将学生作为课堂的主体，教师在课堂上起辅导的作用，调动学生学习的主动性和积极性，使学生能够全身心地投入课堂之中。教师要从多方面来调动学生的主动性和参与性，使学生成为课堂的主人，只有让学生积极参与课堂教学，才是真正意义上的高效课堂。教师在教学中要引导学生积极参与教学活动，通过自己动手操作发现问题并解决问题。学生主动参与不仅可以激发学习兴趣，还可以进一步提高学习效率和养成积极自信的生活态度。

6. 教育性原则

教师的职责是教书育人。推行高效课堂教学模式，并不在于使课堂如何绚丽和新颖，而在于希望借助这一模式，营造一个温馨又和谐的氛围，使学生在这一模式中找到自身的长处和优点，找准自己的位置，并且可以在每一节课中体现自身的价值。学生一方面在相互协作中学会和掌握知识，另一方面在探索中成功完成自己的任务。教师与学生、学生与学生之间相互尊重和帮助，使学生产生班级既是集体又是家庭的感觉，最终让每一位学生成为自信向上的好学生。

（三）新课程视角下高中数学高效课堂的构建策略

1. 教师的高效教学

（1）准确把握课堂容量

为了构建一个高效的高中数学课堂，教师需要在学期开始时，对本学期教学的计划和进度心中有数，并把教学进度细分到每个月、每个星期、每一天，甚至每一节课，从某种意义上来说这是教师讲课的标准容量，课堂容量不能偏离太远。教师还应该掌握不同年级、不同班级、不同水平同学之间的差异情况，从而确定每节课需要讲授的知识内容。在确定好之后，具体区分教学内容对本班学生的实际学习需求和难度，最为适宜和恰当的是对每一周、每一节课的难度进行细致的分析和评估，以便能够根据学生的学习难度合理地调整教学容量，对于学习难度较低的，可以适当增加容量；对于学习难度较高的，则可以适当减少容量，通过巧妙地搭配学习难度的高低，使每个课堂都呈现出起伏的良好氛围，让每一节课都充满了激情与活力。把握好每一节课的课时量，合理地分配课堂教学时间是保证课堂教学质量的关键之一。为了确保教师的课堂容量不超过学生在课堂上所能接受的最大容量，教师需要深入了解学生在课堂上的最大可接受容量。在课堂教学中，教师必须掌握自己所教课程的知识点分布状况，以及这些知识之间的联系，以便更好地为学生服务。所以，教师在构建新课程视角下的高中数学高效课堂的过程当中，必须积极、主动、频繁地与学生产生互动，深入了解学生的学习状态和获取第一手的重要资料；对学生的作业进行不间断地批改，以评估他们对课堂内容的接受度和潜力；及时地检查自己的课堂教学效果，反思教学中存在的问题，并在此基础上制定改进措施；需要持续、有意识地对课堂容量进行调整，以观察学生在课堂上的最大可接受容量，只有在这些基础上，才能使课堂教学更加有效。课堂容量需要根据学生的变化做出灵活的调整，唯有如此才能确保课堂容量的准确性。

（2）高效组织课堂教学活动

教师高效地组织课堂教学活动，是课堂有效的一大决定因素。新课程标准提出要让学生、教师在数学活动中相互交流与沟通，以取得共同又全面的发展和进步。所以，教师组织课堂教学活动首先应关注学生学习的需要。如果没有兴趣，学生就无法参与到教学活动中来，也很难取得好的教学效果。

学习是学生自己的事，任何人都无法取代，只能由学生自己完成，因此有效激发学生学习的主动性、积极性，就是要高效组织教学的过程。高中数学作为一门抽象性比较强的学科，有着较强的理论性，与实际生活关联较少，想要将学生的课堂学习热情淋漓尽致地激发和调动起来，必须开动脑筋，寻找合适的方法。其次，教师要重视自身教学能力的发展。新课程视角下，开展高中数学高效课堂是非常考验教师教学能力的工作，因此教师需要在教学实践活动中不断积累经验，提高自己的教学活动设计和组织能力，提高自己的数学教学能力。

（3）有效的教学方法

新的课程标准要求教师在有限的课堂活动时间内，推动学生深入理解数学知识，熟练掌握数学方法和思想，并在具体的实践中灵活运用，从而使学生在愉悦的氛围中接受数学知识。因此，教师的教学方法要与时俱进，丰富且有趣，这样才能激发学生的学习兴趣，让学生进行高效学习。

一是无论采取何种教学方法都必须以学生为本，新课程视角下的高中数学应该在教学的时候，将学生作为核心，这不仅符合素质教育的需要，也与信息时代发展的需要相符合。传统的教学模式和教育理念已经无法满足现代化教育发展的需要。随着时代的发展和科技的进步，现代社会已步入信息化时代，涌现出了更多的新知识、新技术以及新学科，学生在校所学知识仅是生活中需要掌握的部分知识，在校所学知识必须为后学校时代提供正确的学习方法。这就需要教师在校期间，既要传授知识，又要传授掌握知识的正确方法，唯有做到以学生为本，教学的时候始终围绕学生，将学生作为主体，才可以真正实现这一要求。为了使学生更好地理解数学知识，培养其应用意识，需要有一个良好的教学情境作为载体，激发学生学习兴趣，调动他们的积极性和主动性，从而提高课堂教学效果。教师课堂中无论运用何种教学方法，均应始终围绕特定学生思维逻辑特点，积极创设利于学生数学学习的教学情境，进一步激发学生对知识的重新发现和创造。教师要引导学生学会自主思考，主动探索，让他们真正成为课堂学习的主人，成为课堂的主角。教师要让每一位学生成为学习的主人，使每一位学生充分地发挥自己的潜力，从而培养出符合时代需要的人才。学生间的整理、组织以及合作能力，学生再发现和再创造能力是学生所应具备的重要素质，同时也是他们走出校门立足于社会的关键所在。

二是班级当中学生众多，每一位学生都是独立的个体，有不相同的思维逻辑，学习的方式、道路和手段也各不相同，所以教师在教学的时候应该做到因材施教。新课程视角下的高中数学课堂，要求每一位学生都应该提升在数学认知和思维发展方面的能力，因此在课堂教学中需要对每节课的教学内容和时间进行合理安排。在实际的课堂教学中，大部分老师只重视学生成绩，忽略了对他们思维能力的培养，导致有些学生不能适应新环境的需要。教师需要对班级中的每一位学生有足够的认识，课中讲述的知识尽可能地适用于大部分的学生。此外，教师也可以组织学生进行自学，这样学生就能根据自己的学习习惯和思维习惯进行学习，达到所有学生均能有所收获的教学效果。

2. 良好的课堂环境

新课程标准强调学生要愉快学习。因此在构建高中数学高效课堂时，教师要从以下几个方面为学生打造良好的课堂环境，让学生在轻松、高效的课堂环境中学习。

（1）愉快高效的课堂氛围

新课程标准强调教学氛围的和谐性，这就要求营造愉快高效的高中数学课堂氛围。唯有在良好课堂氛围的滋润下，才能孕育出茁壮成长的成功种子。因此，教师应注重课堂教学中的引导与启发，激发学生的学习兴趣，使其积极主动地参与到教学活动中来。在教学过程中，教师和学生都必须在一个充满活力的课堂环境中互动和交流，唯有如此学生才能在这个环境中获得真正的成长和发展。由此，营造良好的课堂氛围对提高教学质量至关重要。教师和学生在共同创造和维护课堂氛围的过程中，必须相互协作，缺一不可。

（2）和谐的师生关系

师生间的关系是影响课堂环境建设的重要因素。新课程视角下，高中数学课堂教学要重视师生之间的互动和交流，让师生共同发展。因此，打造和谐的师生关系是构建新课程视角下高中数学高效课堂的重要工作。

怎样有效促进师生之间的融洽互动，以达到和谐共处的目的？这就要求师生以相互包容、相互理解为前提，共同努力，以达到更好的教育效果。因为每个人都有其独特的个性，在班级中也是如此。教师应当以平常心看待学生的缺点，因为没有一个学生是没有缺点的。教师希望自己所有的学生聪明勤奋、尊重师长，实际上这是不可能的。龙生九子，各具特色，班级内的学子来自不同家庭，拥有各自独特的家庭教育背景。高中作为小学和初中教育的延伸，是中间教育阶段，高中学生有小学和初中教育的习惯：一方面经历不同学校和不同班级的管理和培养，另一方面也经历了不同教师的教学风格和管理风格的深入熏陶。因此他们学习的习惯、方法和思维已形成，习惯于某一种管理模式、教学方法和学习方法，不同学校、班级和教师所教过的学生，习惯则各不相同。所以，在新课程标准实施过程中，教师一定要尊重和承认这一客观现实，以一种从容的态度接纳这些事实，将其刻在自己的脑海中。

3. 学生的高效学习

新课程标准强调教学过程的自主性，学生要在教师的引导下积极主动地参与课堂教学活动。这就要求学生发挥学习的主动性和积极性，高效完成教师布置的学习任务。具体如下。

（1）充分的课前预习

预习是学生学习新知识的关键过程，新课程标准也要求学生进行预习，在预习环节中发现问题，加深对知识的理解。充分做好课前准备工作，是实现课堂高效的重要先决条件。高中数学具有很强的抽象性和逻辑性，所以，很多时候教师需要借助课前预习，提高学生的学习效果，提升课堂效率。教师在教学中应给学生布置清晰的预习作业，使学生预习活动既饱满又高效，避免因预习不当，造成课堂教学堵塞和进度落后。教师还要根据不同阶段的教学内容，设计相应的预习内容和形式。学生步入高中之初，在数学课堂上可能会产生畏难心理，教师应该借助课前预习环节，科学指导学生在自主学习的过程当中，掌握映射、集合等基本概念，使学生充分理解和认知概念间的联系，并理解其相同点和不同点。此外，为了提高课堂质量和效果，教师应该采用不同的教学方法，通过有效的正确指导，帮助学生更好地理解数学知识，从而提升教学质量和教学效果。学生经过充分准备后，会对教师在课堂上的讲解分析有更加清楚的认知，还可以紧跟教学思路，不会被小的问题绊住脚步，妨碍了其自身的思维发展和培养，从而保障课堂教学效率的提升，并使高效课堂也具备了必备的基础。

（2）全程参与

新课程标准强调教学环节的完整性和学生的自主参与。学生的参与对于构建高效课堂而言十分重要。如果学生缺少积极参与的主动性，那么即使教师的教学活动再精彩也无济于事。不管是教师讲解，还是学生之间的相互交流合作、探究发现等，均需要一个完整参与的过程，便于实现对旧知识的更新和对新知识的建构。

（3）高效的学习方法

自从 2008 年教育部对班班通和堂堂用提出明确要求以来，以班班通为代表的信息化环境下的新一轮硬件建设已经在全国各地基本建成，但是硬件建设的完成并不能代表应用水平的进步。因为它仅仅是一种工具和手段，要真正发挥其作用，还要通过师生双方共同努力才能体现出来。学生的学习方式是在教师的科学、正确引导下，严格遵循自身的认知模式和学习习惯，以潜移默化的方式培养和发展起来的。因为每一位学生所处的外部环境和个人特质各不相同，所以他们的学习方式也各有不同。对于不同层次的学生而言，其学习方法既有共性又具有个性，需要因材施教，区别对待。为了更好地指导每个学生的学习方法，教师需要根据学生的个体差异和所学知识的特点进行有针对性的指导。新课程视角下，学生要想掌握高效学习的方法，就要主动与同学和教师进行学习方面的交流，不断培养自己的数学思维，拓展自己的学习思路。

（4）师生互动

新课程标准强调课堂上的互动和交流。教师与学生的互动是一种相辅相成、相互促进的关系，因此在课堂上，除了需要强化教师和学生之间的互动，还应该培养和发展学生的数学思维能力和思维品质，以全面提高他们在创新思维方面的水平和能力。不同年级、同一年级的不同学生对学习方法有着不同的要求，教师借助一题多解和一题多变的教学方法，有效培养和发展学生的发散性思维，从而使他们从一题多解转变为多向思维，进而提高其思维的灵活性和创新能力。

第二节　新课程视角下高中数学教学与信息技术的整合

新课程视角下，教师要重视教学活动与信息技术的整合。首先，信息化社会发展是不可阻挡的社会趋势，学生今后的数学学习也必然离不开信息技术的帮助，如果教师不能在高中数学教学中引入信息技术，那么学生就对信息技术学习方法缺少认知和了解，这不利于学生今后的发展。其次，信息技术能够让数学课堂教学更加生动形象。高中阶段的数学知识大多抽象晦涩，运用信息技术可以将一些抽象的数学知识，如函数性质、几何知识等以图像或者视频的形式展示出来，方便学生进行学习和理解。由此可见，高中数学教学与信息技术的整合是实现新课程标准的重要途径。

一、高中数学教学与信息技术整合的现状

一是信息技术和高中数学教学融合本末倒置。有的学校没有充分利用现代教育技术开展教学活动，有的教师在课堂上运用信息技术授课时，课件制作得比较花哨，文、声、图、像、动画样样俱全，花费了很多时间在技术细节及美化方面，在课堂上播放的时候显得十分热闹，以为能引起学生的注意，激发他们学习的热情。这种做法虽然能活跃课堂气氛，让人耳目一新，给课堂教学带来生机，但是对于课堂中如何和学生互动、如何启迪学生思维、如何培养学生自学能力等问题关注较少，华而不实，实际的教学效果并不理想。

二是教师在数学教学的过程当中，对信息技术作用和功能的认识不够明确，一些教师缺乏运用信息技术提高课堂教学效果的意识。信息技术作为教学工具之一，它与粉笔和黑板有着相同的作用，都服务于教师教学活动，教师应明确它在辅助教学中的作用和功能。有不少教师认为只要把计算机引入课堂教学中，再加上一些多媒体设备，就可以取代传统教学模式；有的教师在运用信息技术开展教学的时候，更多的是采取教师在课堂上主讲，用大屏幕播放课件的教学方式。这种方式不利于激发学生的学习兴趣，也无法使学生真正地参与到课堂教学中来，难以取得良好的效果。因为课件是教师提前

设计好的，不能在课堂上随意改动，所以教师无法按照课堂上实际教学需求，对教学内容进行修改和设计，无法充分依据学生的不同情况，做出相应的变化和调整，反而对教学效果产生了不利的影响。

综上所述，高中数学教学与信息技术的整合在硬件设施方面已经较为先进，但是在实际应用和灵活应用等方面还存在一些问题。

二、新课程视角下高中数学教学与信息技术整合的意义

首先，高中数学教学与信息技术整合有利于丰富教学资源。新课程标准要求高中生能灵活掌握数学知识和数学思想，但是在高中数学教学中，由于数学自身具有较强的抽象性，学生在理解的过程中难度较大，在与信息技术整合之后，教师可以利用信息技术中的百度等搜索引擎获取相关的资源，从而为学生在对数学知识进行理解的时候提供帮助，而且可以利用信息技术加工数学资源。

其次，高中数学教学与信息技术整合有助于演示和展示数学知识。新课程标准要求学生能够积极主动地参与教学活动，但是在传统高中数学教学课堂上，教师很难调动学生的积极性。而利用信息技术，教师能将高中数学教学中的教学内容生动有趣地展示出来，增强教材的灵活性，打破传统教材的局限。如在"圆锥曲线"教学过程中，教材中的图形都是不可以变动的"死图"，二次曲线的形成过程很难通过这些图形表现出来，而且由于教学中黑板、教师的画图技术等局限，导致很难将其形象地画出来，这就给学生的理解加大了难度，而在数学教学和信息技术整合之后，教师在讲解这方面内容的时候就可以使用多媒体技术生动展示出圆锥曲线的形状变化等情况，而且可以形象地展示出看似不相关的双曲线、抛物线、椭圆之间的内在联系，以此来使学生掌握更多的数学知识。

最后，高中数学教学与信息技术整合有利于加强学生之间、师生之间的交流合作。师生间的交流互动、共同发展是新课程标准提出的重要目标。信息技术的应用便于教师和学生之间的交流和讨论（如使用 QQ、微信等软件进行交流），针对学习中遇到的难点共同探讨，使学生及时地解决学习中的疑难，提升学习质量。

三、新课程视角下高中数学教学与信息技术整合的策略

（一）坚持整合的基本原则

新课程视角下的高中数学教学和信息技术融合的基本原则主要有三个：一是信息技术和传统教学方式结合起来，使二者优势互补，以提高信息技术的有效运用；二是分门别类梳理知识点的重要程度，使学生构建正确的学习顺序；三是加强师生之间的相互沟通和交流。在高中数学课堂教学中应用信息技术可以让师生之间形成一种良性互动，提高课堂效率。由于教学活动由教师与学生共同进行，因此二者之间的相互作用对教学质量有着重大的影响和作用。

（二）凸显学生的主体地位

在新课程标准中，重点强调了教学过程中学生所扮演的重要角色，即教学的主体。在新课程理念下，教师要注重培养学生学习知识和技能的能力，让学生成为课堂学习的主人，发挥他们在课堂教学活动中的主体作用和地位。学生在教学过程中作为主要的参与者，是教学活动中不可或缺的核心力量，占据主体地位。因此，在高中数学教学的过程当中，教师应该积极发挥学生在学习活动之中的主体作用。在高中数学教学中，教师常常忽视学生的主体地位，导致学生对学习数学失去兴趣和热情，从而对教学质量产生了很多的负面影响。随着教育事业改革的不断深化，越来越多的教育工作者开始关注学生在教学活动中的主体作用，所以在将高中数学教学与信息技术有机融合的时候，教师必须注重学生的主体地位，体现出他们的主体地位，以便为全面、快速地提升教学质量创造良好的必要性条件和机会。

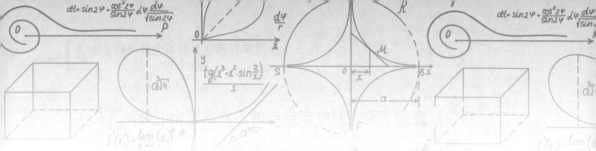

第四章　深度学习视角下的高中数学教学实践

本章介绍了深度学习视角下的高中数学教学实践，主要从三个方面进行了阐述，分别是高中数学深度学习概述、深度学习视角下的高中数学教学设计、深度学习视角下的高中数学教学策略。

第一节　高中数学深度学习概述

一、深度学习的概念

（一）学习的概念

对每个人来说，学习都是一生中的一项重要活动。只有在学习之后，我们才能拥有生存技能和发展潜力。

目前，教育学和心理学的研究者对学习有不同的定义。经归纳，学习的定义可以概括为两个：一个是将学习行为的定义概括为人类个体在习得阶段对各种知识的获取；另一个是将学习行为概括为一个有益的过程，可以增强和保持学习行为主体的相关潜力。

综合分析以上两个定义：第一个是学习行为中的知识获取，第二个是知识获取过程以及知识给学习者带来的变化。因此，后一种定义更为全面。

从学习心理学的角度来看，人类的学习过程是非常复杂的，既涉及个体的内部过程，也涉及个体的外部过程。结合本研究的内容，可将其分为浅层学习和深度学习。

（二）浅层学习与深度学习

1. 浅层学习的概念

研究人员对浅层学习的常见定义如下。

沃伦·霍顿（Warren Houghton）认为，浅层学习指的是将信息作为孤立和无关的事实进行接受和记忆。这种学习导致学习者对材料的肤浅和短期记忆，不能促进学习者对知识和信息的理解和长期保存[①]。

孙银黎指出，浅层学习是一种机械的学习方式。学习者被动地接受学习内容，只是简单地记住或复制书本知识或教师讲授的内容，但不理解内容[②]。

基于文献分析可得出结论，浅层学习主要是一种简单的知识记忆、思维方式和无思维的应用的学习方法。学习者对知识的短期记忆很肤浅，其目标是通过考试，因此很少与他人交流。浅层学习作为一种机械的学习方法，它要求学习者被动地接受学习内容，不理解教师所教的内容，因此前后无法整合。

2. 深度学习的概念

本书所讲的深度学习指的是教育学中的深度学习概念，而非计算机学中的深度学习。深度学习（deep learning，DL）最初是对学生的学习结果进行分层而得出的概念。保罗·拉姆森（Paul Ramsen）曾评论："浅层学习，最多是没有质量的数量，而深度学习却是质量加数量。"[③]深度学习概念的定义离不开浅层学习，参考上海师范大学何玲关于深度学习的研究成果，可以得到深度学习和浅层学习的特点，其具体内容如表 4-1-1 所示。

表 4-1-1 浅层学习与深度学习的特点

浅层学习	深度学习
依赖于记忆能力，是对知识的机械性记忆	依赖于思维能力，对所学知识能做到较高程度的内化
解决问题依靠记忆已有的方法或方式，存在思维定式	掌握解决问题的方式，能认识到解决问题的内在因素，以思维解决问题
难以理解新的解释和思想	对新的解释和思想接受能力较强

---

① 曹兆海. 运用信息技术促进深度学习 [J]. 新课程学习（学术教育），2009（5）：52-53.

② 孙银黎. 对深度学习的认识 [J]. 绍兴文理学院学报（教育版），2007（1）：34-36.

③ 何玲，黎加厚. 促进学生深度学习 [J]. 现代教学，2005（5）：29-30.

续表

浅层学习	深度学习
无法在学习过程中取得愉悦和成就感	积极进行学习过程，并乐于学习，在学习后能得到成就感
几乎对学习过程没有掌控，很难纠正学习过程中所犯的错误	对学习过程有监控和纠错能力，在学习后能对整个过程进行反思
在学习后收获成果较少	学习后通常能概括、解释或论证所学习的内容
很难看到问题的本质与规律	能逻辑性地思考问题，对问题进行推理，能感知问题的本质，甚至利用规律解决问题
解决问题时的灵活性很低，很难将知识应用到解决问题的过程中	能以多种方式将所学知识应用到解决实际问题的过程中
很少全面、系统地看待事物	能全面、系统地看待事物，能找出事物之间的联系
建立知识体系的系统性差，很难对所学的知识进行总结和归纳	能较好地建构所学知识，知识体系的系统性强，并能较好地将所学知识迁移到新的学习过程中
是一种被动学习，目的在于完成任务或取得较高的分数，在学习过程中较为孤立	是一种主动学习，目的在于学习知识并锻炼思维能力，乐于与教师和同学分享交流

从表中可以看出，虽然深度学习比浅层学习有更多的优势，但深度学习取决于学习者的思维能力，只有具备一定的思维能力，学生才能支持深度学习。

从本质上讲，深度学习是指学习者在理解学习的基础上批判性地学习新的思想和事实，并将它们整合到原有的认知结构中，将许多思想联系起来，把现有的知识转移到新的情境中，做出决策和解决问题的学习。

3. 浅层学习与深度学习的比较

浅层学习和深度学习这两个相对概念是由瑞典学者弗伦斯·马顿（Ference Marton）和罗杰·萨尔乔（Roger Saljo）最先提出的。

近年来，深度学习理论在我国也引起了大量的讨论，许多专家学者也进行了相关的探讨和研究。深度学习和浅层学习既不独立也不矛盾。

学习实际上是一个从浅到深的连续过程。一般来说，浅学是深学的基础。学生必须调动简单记忆，以基础知识为铺垫，解决难题，进行深度学习。

浅层学习与深度学习的特征对比如表 4-1-2 所示。

表 4-1-2　浅层学习与深度学习的对比

对比项目	浅层学习	深度学习
记忆方式	机械记忆，死记硬背	强调理解基础上的记忆
知识体系	知识孤立零散，只是关注知识的表层意义	建立新旧知识的联系，更关注知识表征符号背后的逻辑和意义
关注焦点	关注解决问题所需的外在线索、公式及概念知识	关注解决问题所需的中心论点和核心概念
投入程度	被动学习	主动学习
反思状态	缺少反思	对学习效果、自我学习过程、问题解决进行自我反思
迁移能力	不能灵活运用所学知识	能把所学知识迁移应用至生活中真实复杂的情境
思维层次	低阶思维	高阶思维
学习动机	主要为外在压力	主要为内在动机

根据表格中深度学习和浅层学习下学习者的学习表现，可以分析得出下列研究结论。

（1）深度学习是主动性的学习

在两种学习风格下，学习者的学习动机是不同的。学习者的浅层学习动机来自外部，如为了获得好成绩和他人的认同，一旦出现波动，他们的动机就会减弱；深度学习强调积极的终身学习，学习动机来源于自我发展，是一种有自我存在感的有价值的学习。通过知识的体验，学生可以提高自己的能力和素质，逐步养成良好的思维习惯。

（2）深度学习是理解性的学习

与深度学习相比，浅层学习只允许学习者以一种模式掌握表层知识，浅层地进行机械化记忆，用大量时间巩固记忆；而深度学习强调理解学习，通过自己的思维提出问题，批判性地理解事物的本质，并挖掘隐藏在知识层面的思想和想法，学习者不再只是机械地记忆，而是用自己的思维方式来看待和理解问题。

（3）深度学习是有关联的学习

浅层学习更多的是处理考试的模块化，而深度学习是指在探索生活实例的过程中发现问题，在原有的认知结构中找到解决方案，并创造性地找到新的方法来实现知识的转移和应用这一目的。

（4）深度学习是体系化的学习

浅层学习下，学习者建构的知识结构简单，不注重关联性，不与日常经验相结合。它只是一种简单的知识积累，难以形成系统，在解决问题时会造成混乱。

深度学习强调知识之间的联系。它在现有知识的基础上，对获取的新信息进行整合，构建新的知识体系或整合到现有的知识体系中，不断建立知识层次。基础知识在学习者的理解中积累和沉淀，学习者得以站在更高的角度看待新问题，产生新的理解视角，知识体系可以在学习者的学习过程中不断补充、延伸和完善。

（5）深度学习是反思性的学习

肤浅的学习者往往缺乏独立思考的过程，只是简单而机械地跟随教师的想法，没有突破，简单地重复他们所学的内容。而深度学习强调及时反思，学习者拥有明确的自我意识，通过教师的不断评价，学习者会及时反思自己存在的问题，从而准确、高效地达到高质量的学习效果。

总之，深度学习是一种关注学生内在阶梯发展，引导学习者积极接受知识，使其具有清晰的理解、迁移和应用能力的学习方法。不过，不能因为深度学习的出现而放弃浅层学习。例如，浅层学习具有机械记忆的特点，一些知识也需要学习者通过记忆来积累，以便使用。浅层学习和深度学习之间不是非此即彼的关系，它们分别属于学习过程的初级阶段和高级阶段。

教师应该引导学习者灵活地、交替地使用浅层学习和深度学习，区分新知识是否具有学习基础和学习者的自然体验，从而最终达到学习者创造性学习的目的。

（三）深度学习的层次

深度学习研究的代表人物本杰明·布鲁姆（Benjamin Bloom）将人的认知目标进行分层，具体如下。

1. Know（知道）

这一层次侧重于知识的简单记忆，如对事实的记忆、方法的重复、过程的识别、概念的再现等。

2. Understand（领会）

这一级别的重点是考查学习者是否能够理解学习材料的实际意义和中心思想，是否理解材料的本质。在这里，学习者的理解程度体现在三种形式上。

（1）转化。

学习者用自己的想法描述知识，以不同于学习材料的方式表达材料的内容和意义。

（2）说明

学习者结合自己对学习材料的理解进一步说明学习材料。

（3）推理

学习者结合学习材料和自身固有知识分析材料模块之间的关系，并客观预测其趋势。

可以看出，在理解层面上，它已经从学习者对知识的简单记忆提升到对知识的基本理解[①]。

3. Application（应用）

将学习者获得的知识扩展到新的应用环境中，可以反映出对知识的进一步理解。

4. Analysis（分析）

将获取的知识分解为清晰的知识，并将其变成知识元素的集合。同时，它可以定义和描述多个要素之间的有机关系，合理分析和理解要素之间的组织原则。可以看出，这一水平可以反映学习者对知识的更高应用。它不仅需要对知识内容有深入的理解，还应该掌握知识模块结构与不同模块之间的有机关系。

5. Comprehensive（综合）

经过知识的内化，学习者将所有知识模块加工成一个有机的整体。此时，学习者可以使用集成的知识来制定解决问题的方案，并总结一些错误的逻辑关系。可以看出，这一级别侧重于考查学习者利用现有知识进行再创造的能力和水平。

---

① 任长松. 探究式学习：学生知识的自主建构：从两个探究案例引发的思考 [J]. 课程. 教材. 教法，2004（1）：37-42.

6. Evaluation（评价）

学习者将内化的知识结合起来，根据客观标准对其他事物进行评价和判断。这是深度学习的最高水平。

（四）深度学习的特征

1. 知识的识别与转化

知识的识别与转化是指将已有知识进行提取、识别，再整合到新知识中，实现新旧知识的关联与转化。

学生在学习的过程中，首先要处理的就是新知识与以往学习经验之间的相互转化问题，通过利用以往的学习经验来进行当前的学习，在当前的学习内容与以往的学习经验之间建立起一种关联，将所学知识转化为学生自身容易理解、接受并能熟练掌握的内容。

学生将知识转化的过程实际上是知识重新整合的过程，通过自身理解、记忆以及相互转化、关联对所学知识进行吸收。

例如，正方形是特殊的长方形，能够用长方形的性质特征来形容，以加深对长方形知识的理解与应用，也可以进一步掌握正方形的特殊性。可见，学生所学的知识并不是零散、杂乱无章的，而是有逻辑、有关联的知识，这一点在数学的学习过程中尤为明显。另外，学生在学习的过程中也并不孤立，教师会全程引导，激发学生的知识经验，调动学生的课堂情绪，发挥学生对知识的联想，从而构建出适合学生自身的结构体系。

2. 知识的体验与感知

知识的体验与感知是深度学习的核心部分，强调的是学生全身心地投入理解知识，主动地感受知识所呈现的情境。

学生自发的活动是学生全身心投入课堂教学的内在体验。学生的学习不是被动地接受教师的灌输，也不是自身盲目地学习，而是主动的、有目的地学习，它需要学生作为教学活动的主体全身心地投入其中，体验其中的真实感与乐趣。

学生要想成为学习的主体，就得积极地参与到教学活动中，通过自身的观察、思考和内心感受去了解知识的发现、形成和发展过程。这一点在教学实践中很容易被忽视，因为学生所习得的知识往往是在人类所了解知识的基础上开始的，其无法体会到知识的发展形成过程。

通常的状态是师生直接进入概念和原理部分，知识传递成了目的，教师直接对知识进行"灌输""平移"，忽视了知识发展的过程学习。

学生对知识的感知尤其重要。当然，学生的这种教学体验不可能回到人类最初发现知识的方式，因此教师需要精心设计教学内容和过程。

学生可以大致模拟人类发现知识的主要环节，将数字符号还原为现实，将静态知识转化为动态知识，真正体验知识本身的内涵和意义。这是学生探索、发现和体验的过程，是学生课堂情感的最大发挥。

例如，在学习圆的面积时，教师可以给学生讲解圆的面积的发展历史，从欧几里得的《几何原本》中给出圆的面积比的命题，到阿基米德最早给出圆的精确面积，再到中国汉代数学名著《九章算术》所记载的面积公式。通过这一系列历史的讲解，使学生体会到历史到课堂的转化，感受到数学来源于生活，又最终应用到生活，明确所学内容在个人成长及人类发展中所起的重要作用。

3. 知识的分析与加工

知识的分析与加工是指对所学内容进行更深层的处理。这就要求学生在理解的基础上掌握所学内容的本质属性，并把握其内在联系。

把握事物本质就是对所学内容进行深度加工的过程。例如，要判断两条直线平行，就必须从平行线的性质入手。学生所学、所了解的事物本质不是直接通过教师的文字描述，而是通过学生自身的活动去把握，如质疑、探究、归纳、体验等，使自身与所学内容建立一种关联。只有这样，才会显现出事物的本质，并使其生动鲜活。而把握事物的本质则要求学生在解决数学问题时应具备深刻而敏捷的思维，能将知识由简及繁、举一反三。也就是对基本原理、基本法则的加工，不仅能够由"简"到"繁"，更能举"一"反"三"地使学生学会学习，从而形成对所学内容深度加工的能力，最终达到提高学生的思维水平的目的。

4. 知识的迁移与应用

知识的迁移与应用是指将所学知识从教学活动中应用到生活实践中。学生通过创新、综合运用，将所学知识转化为个人经验、实践能力。

学习的过程就会产生迁移，这种迁移是检验学习效果的最佳途径。事实上，学习上的迁移还是一个循环过程，学生将所学知识迁移应用到实际中，又将实际问题迁移到学习中解决，如此循环，形成一个封闭、高效的系统，使学习变得深刻而生动，这大大提高了学生的主动性、积极性。

"迁移"是对"加工"的验证，与"转化"之间也是相互对应的，有了对知识的转化才能实现迁移，才能更好地应用于实际。

在深度学习中，"迁移"是对以往经验的扩展与提升，是将现有知识与以往经验科学结合，是将升华提炼后的知识具体化、操作化的过程。它体现了学生的学习成果。"迁移"体现了教育的重要意义，将教学活动应用到实际生活，是成长和发展的铺垫。

（五）深度学习视角下的课堂对话模式

通过对课例问题关联性与学生回答深度的具体分析发现，中美数学课堂都注重学生对知识的理解和应用，在整体的问题设计上通过有内在关联的问题循序渐进地发展学生的深度学习能力。

在支持学生个体深度学习的层面，结构性的"评价—证明—提示"追问模式可以让学生在论证自己的观点的过程中形成具有逻辑性的思维方式，逐步引导学生在具体的题目要素和数学概念之间建立联系，从而支持学生的深度理解。

开放性的"解释—澄清"追问模式可以诱发学生的进一步回应，学生在澄清自己思考过程的同时厘清了具体要素和概念之间的联系，呈现出了更具有逻辑性的内容，从而使学习逐步深入。

"反思—阐述—补充"的追问模式可以引导学生将具体的学习内容关联到概括性的概念知识和认知策略，使得不同的观点在课堂中交流碰撞，增加课堂反思的广度和深度。

在支持班级整体深度学习的层面，在问题中创设异议情境可以激发学生的不同观点，通过论证、比较和分析这些不同观点，师生共同挖掘概念、程序或观点之间的核心联系，从而有效支持班级的深度学习。

教师在反馈中复述学生话语，不仅表达了对学生想法的倾听和肯定，而且可以发展学生的观点、立场，诱发其他学生对其观点进行评价，在不同的观点和知识之间建立联系，促进生生互动。而教师综合利用多种类型的追问可以将过于概括的深层思维水平回答拆解为浅层回答，总结提炼其中的重要联系和思维方法，再引导全班讨论，形成"由深入浅再入深"的拆解结构，从而支持班级全体的深度学习。

二、深度学习视角下的高中数学教学

（一）深度学习在数学学习中的含义

根据对数学教学和深度学习理论的研究可以得知，高中数学学习的深度是以学习者解决数学问题的情境为载体，探索学习方式，围绕数学知识的核心本质，使认知与已有经验发生冲突，独立进行数学思维，逐步提高逻辑推理的严谨性，扩大数学思维的多样性，最终提高数学综合素养，获得自我存在和高阶思维发展的学习方法。

总之，数学深度学习是学习者主动建构数学知识体系，批判性地运用科学思维，最终获得成功学习体验的一种学习方法。深度数学学习注重"三思"，即思考、思维和反思。经过分层发散思维后，学习者可以形成逻辑性、层次性、严谨性的思维习惯，进行有针对性的反思。只有这样，他们才能在数学学习中获得深刻的理解和深入的学习。

（二）深度学习视角下的高中数学教学特征

1. 注重知识精髓

浅层学习仅限于简单背诵定义、符号和公式，而不是每个概念的形成和公式的推导。例如，如果你记忆三角公式，因为它们的数量多，所以很容易记混，但你可以通过单位圆上的正弦、余弦、正切来轻松掌握它们，这就是深度学习强调的理解学习。

深度学习注重知识的本质和学生对知识的理解和掌握。在教学中，教师更注重如何运用知识。

2. 主张建构创新

建构主义是深度学习的理论来源。建构主义学习理论主张教师是学习者学习过程中的辅助者，学习者通过教师的引导、同伴的探讨、已有的认知经验去建构新的知识框架。

建构主义的三个要素是同化、顺应和平衡，它们也是深度学习中必不可少的。同化就是信息整合的过程，具体到高中数学教学中，就是学生将新学的概念、性质、定理合并整理到已有的数学模块中，完善它的系统性；顺应通常是同化的后一个阶段，当现有图式不能同化新信息时，平衡即被破坏，而修改或创造新图式（即顺应）的过程就是寻找新的平衡的过程。

建构主义重点主张学生个体主动发现、主动探究、主动建构。高中数学教学培养学生的解决问题的能力，是不断创新的过程，鼓励一题多解，充分发挥学生的想象力。

每门学科都是在不断地突破平衡中寻求发展的，从人类祖先发现算术，到以欧几里得的《几何原本》为代表的常量数学时期，再到后期以笛卡儿（Rene Descartes）为代表人物的以解析几何、微积分为突破的变量数学时期，现代数学时期发展直至今天都是不断突破平衡的过程。

教学中要鼓励学生敢于突破平衡，去质疑和批判地看待问题，寻找不平衡的图式，使思维最大发散，也为学生未来职业发展和学术造诣奠定基础。

3. 鼓励深度参与

建构主义学生观中强调，学生是带着自己的认知能力和经验去接受新知的，要将其作为生长点，进行知识的转化和迁移，并且要重视学生的个性发展，因材施教，这些都与深度学习所强调的不谋而合。同时，深度学习强调学生的高度参与性，要让学生全身心地投入高中数学学习中，增强学习的实践性、体验感等。虽然建构主义和深度学习理论有许多相近之处，但建构主义更多的是关注学生自主建构，而深度学习是以发展学生终身的理解力、素养、能力等方面为侧重点的，更加适合新时代下学生的特性。

4. 围绕教学目标

本杰明·布鲁姆（Benjamin Bloom）的《教育目标分类学》将课程目标与课程评估标准相结合，为教育评估提供了工具。分类分为三个领域：认知领域、情感领域和操作领域。在认知领域分册的修订版中，教学目标分为六个层次：记忆、理解、应用、分析、评价和创造。

教学目标的设置应与分类水平相适应。学生的学习过程不是一蹴而就的，而是一个循序渐进的过程。而在布鲁姆的认知目标分类中，认为教育活动都是围绕教学目标展开的，只要保证教学目标、教学活动和教学评价的一致性，即使课堂形式复杂、内容复杂、认知水平不同，学生也能掌握知识的本质，深度学习促进深度认知。

第二节　深度学习视角下的高中数学教学设计

一、深度学习视角下的高中数学教学设计策略

在新时代的背景下，教育部不断加强对中小学教育的改革与创新，对高中数学的学习也应该进一步深入推动发展。高中数学是一门非常基础的学科，同时是至关重要的。高中数学教学，要培养学生的思维能力、独立解决问题的能力，将数学应用到生活中去，让他们体会到数学与生活之间的种种联系，更深层次地理解数学知识的内涵，所以教师要指导学生进行深度学习，开展一些相应的实践活动，对学生进行引导，培养他们观察、分析以及自我概括的能力，突破传统观念的表面教学，帮助学生构建更加健全的数学知识体系。

（一）结合教学实际，设计深度学习目标

目标是行动的动力，而学习的目标是由教师来把控的，在进行新的内容学习的时候，教师要充分了解每一个知识点，形成有规律的系统知识体系，对于所要教的内容，必须做到由浅显到深层次，让新旧知识之间有联系。数学有许多抽象化的内容，教师要做到循序渐进地对学生进行教学工作。对教材内容做到整体把握，在学生原有的基础知识水平上，及时调整课程内容，做到有规律、有方法。更重要的是，教师要精准把握数学课程的核心内容，对核心概念的讲解一定要做到准确、精练。在高中数学的学习过程中，一些定义、符号、定理都是最基础的，而对定理进行推导，则是深度学习的重点，所以教师要选择合适的方法帮助学生进行学习，增强他们的思维锻炼。

（二）设置教学情境，鼓励学生研究学习

学生研究学习，是进行深度学习的一个重要模式，这个方法是指学生在教师的指导下进行自主探究，根据教师布置的任务进行合作探讨，这个模式可以有效地开展数学课堂教学，为以后的教学活动奠定良好的基础。因此，教师一定要根据教学内容，适当地开展一些研究性学习活动，而且要结合一定的问题，适当地给一些提示，让学生通过小组合作进行思考及探索，最后

呈交一份书面报告。通过生活情境进行新课引入，利用小组探究合作模式进行学习，可以让整个学习氛围变得更加浓厚，为以后更好地学习奠定基础

（三）开展单元教学，构建整体内容框架

单元教学是实施深度学习的抓手。单元教学包括三个核心要素：单元主题、单元目标、单元活动。

可以从三个方面入手来确定单元主题，一是根据核心内容进行主题确定，像"函数的概念与性质"是"函数"这类核心内容的核心知识，可以将集合、函数、指数函数与对数函数、三角函数的学习作为一个主题；二是将教材中的单元内容作为学习主题，像"空间几何体"这个单元是"立体几何"这类核心内容的学习主题；三是将以现实问题为背景的跨学科领域的内容整合而生成学习主题，如"以燃气烧水为例的数学建模案例""求某些不规则图形的近似面积""估计圆周率的值"。

单元目标是指学生在完成单元主题的全部学习内容后应该达到的目标。单元目标分为单元整体目标和每节课的课时目标。单元整体目标是针对所选定的学习单元从整体上确定学生发展的目标，要指向学生的发展、数学学科思想方法、学生高阶思维等因素。课时目标是单元整体目标的细化，是针对具体知识点学生所要达到的目标。知识要体现数学课程标准与教材的基本要求，指向学生对学科核心内容及思想方法的理解。

单元活动是让学生达到深度学习目标的具体途径，因此教师要以单元整体目标与课时目标为依据，从学生已有的知识和经验出发，设计出兼有探究性与实践性的学习活动。在组织探究活动中，教师要重视"探究"二字，重视学生的主动性，给学生足够的时间和空间去自主探索和操作。学习任务是深度探究活动的核心要素，学习任务的设计要具有挑战性和趣味性，并且能将课堂学习任务与现实生活的情境联系起来，激发学生持续探究的兴趣，让学生沉浸其中并获得成功体验。

（四）设计问题链条，促进学生充分思考

对于现阶段的数学学习来说，特别是对于高年级的学生，他们无法进行深度学习的主要原因之一就是缺乏高阶思维。"思起于疑"，没有问题就没有思考，教师可以从学生感兴趣的问题入手，设置有针对性的问题链条，这样不仅能启发学生深度思考，促进高阶思维的发展，同时对整合知识内容，建

构知识体系也起到非常重要的作用。

精心设计的问题链条有助于引导学生的思维不断升华，从而引导学生把握学科知识的本质。相对于传统课堂教学来说，以问题链条为主的教学更强调学生参与问题解决的全过程，在解决问题的过程中完成知识的自我架构。在问题链条的驱动下，学生在探究问题与解决问题过程中有利于形成迁移面很广的认知策略，从而进一步提高迁移能力，促进深度学习。

教师在进行深度教学时，一定要注意，深度学习并不意味着让学生一直学习，也不意味着要学习很高难度的内容，只有通过适度的方法，合理地安排设计，才能让他们学到的知识真正属于自己，才能将数学融会贯通，将实际生活与数学联系起来。教师要根据实际情况，对学习模式与方法进行及时的调整与创新，这样才能不断促进高中数学的教育，促进学生全面发展，为以后各个学科领域的学习打好基础。

二、深度学习视角下的高中数学教学设计实践

在此以高中数学中的命题教学为例，阐述深度学习视角下的高中数学教学设计实践。

（一）命题教学的内涵

对于"数学命题"，不同的数学家有着不同的阐述，如英国数学家罗素（Bertand Arthur William Russell）认为，命题是表示事物真假的一组文字语言；而希尔伯特（Hilbert, David）认为，命题是指每一个有意义的文句，由它的内容可以判断是真的还是假的[1]。从逻辑学的角度看，数学命题是表达数学判断的语句或符号的组合，而所谓数学判断是对空间形式和数量关系有所肯定或否定的思维形式。而所有的这些说法都是从数学命题内涵这一层面进行解释的，它们有一个共同的特征，即数学命题是指表示数学判断的文字或符号的组合。事实上，数学命题可以从两个方面进行理解：一是数学命题的内涵，二是数学命题的外延，即数学命题是指数学课程中的公式、公理、定理、法则等。而数学中的命题教学是指对数学课程中的公式、定理等的教学。

① 扈希峰. 基于深度学习的高中数学教学设计研究［M］. 长春：吉林人民出版社，2021.

（二）深度学习视角下的高中数学命题教学设计策略

1. 高中数学命题"来龙"的教学策略

深度学习理论强调要联系学生的生活、学习经验，结合学生原有的知识、认知结构进行教学。而传统课堂实践中，学习者往往将课程材料看作没有连贯性的知识片段，甚至看作与他们无关的内容。因此，对于命题教学的第一个环节——命题的引入而言，联系学生的实际，创设适当的情境，引领学生发现命题、感受命题的形成过程尤其重要。这恰恰体现了深度学习关联性、连贯性的特点，既要帮助学生建立新旧知识之间的联系，又要掌握深层次的、复杂的概念等非结构化知识。同时，新的课程标准指出，情境的创设要能引发学生的交流与思考。而情境又是分类分层的，教学情境大致分为三类，即现实情境、数学情境和科学情境，同时，每一类又可以分成三个不同的层次，即熟悉的情境、关联的情境和综合的情境。因此，对于命题的引入要结合命题本身的特点以及学生的实际发展状况，选择适合的情境的类别层次，由此提出关于命题教学懂"来龙"的创设情境策略。

有效的问题情境的创设要有助于形成猜想，这就要求问题本身能够体现某种规律，或者问题与命题之间存在某种内在的联系。同时，设计的问题又必须是学生容易解决的，这样才有利于调动学生学习的兴趣，提高课堂参与度。

2. 高中数学命题"本质"的教学策略

命题的本质也就是命题的实质、内涵，透"本质"也就是说要能够把握命题的本质属性，弄清数学命题的来龙去脉，并能够了解命题与其他命题之间的区别与联系。了解数学命题的结构，明确证明数学命题的方法以及证明的思维过程并且能够尝试总结归纳出证明规律等都是帮助理解数学命题实质的重要途径。而深度学习理论也指出要用批判的眼光审视新的命题，在探寻新的规律、法则的过程中，做到及时反思、反省，也有利于对命题本质的理解。但是对于传统课堂而言，学生多数依靠记忆，并不理解为什么这样做，也较难理解新的观点，甚至认为事实和程序是静态的知识，是从无所不知的权威那里传承而来。由此比较分析提出两种关于命题教学透"本质"的教学策略，一种是有关命题证明方面的心理接受式的教学策略，另一种是关于多角度审视新观点的内悟欣赏式的教学策略。

（1）心理接受式的教学策略

所谓心理接受式的教学策略，是指在命题的教学过程中，应当涉及命题的探索、发现过程或者命题的证明过程，帮助学生从心里接受命题的正确性。案例如下。

对"等差数列前 n 项和"的教学，通过运用"倒序相加法"推导出等差数列前 n 项和公式，更有利于学生对公式的理解、记忆。如果只是将公式直接呈现给学生，那学生也就只会机械地记忆，不会产生想要接受这个命题的心向。通过对命题的证明，既帮助了学生接受此命题的正确性，又提高了学生分析和解决问题的能力。

（2）内悟欣赏式的教学策略

所谓内悟欣赏式的教学策略，是指学生在接受了命题是正确的基础上，更深层次地欣赏命题的魅力与威力，并且在欣赏的同时领悟内化命题的内涵。教师要通过多角度解析命题，教会学生用批判的眼光审视命题，让学生感受命题的应用价值，从而学会深度学习。

3. 高中数学命题"去脉"的教学策略

（1）直接应用策略

命题的直接应用策略，也称为命题学习的强化策略，它重在巩固所学命题的外在形式，提高运用命题的熟练度以及准确性。但是，它只关注了解决问题所需要的公式以及外在线索，在目前高中命题教学中都有所涉及，属于浅层次教学的范畴。尽管如此，对于命题的直接应用并不可省，因为学习本身就是一个循序渐进的过程，要想实现深度教学，在直接应用的基础上还应适当拓宽命题的适用范围，将焦点放在寻求解决问题的核心论点和概念上，也正是下面要提到的命题的变式以及推广性教学。

（2）变式变题策略

变式变题教学是近几年使用比较广泛的教学策略，它是指从不同方面、不同角度来变换命题的呈现形式，从而揭示命题的本质属性的一种教学策略。通过变式实现深度学习是因为变式的同时实现了学生对知识的迁移与知识的建构。由此，这又要求教师在变题的时候把握好"度"，考虑学生的最近发展区，引导学生在新的情境中对关键要素的判断和解读，从而实现思路、方法的迁移，最终实现深度学习。

（3）发展性策略

发展性教学需要结合命题的形式特点，适当选取推广的方向，在推广的过程中实现发展性教学。案例如下。

在"平面向量基本定理"的教学中，由于平面向量基本定理是由向量共线定理推广而来的，是一维到二维的推广，因此可以给予学生适当的提示，能否实现从二维到三维的推广，促进学生深度思考，实现发展性教学。

（三）深度学习视角下的高中数学命题教学设计案例

这里以高中数学中"基本不等式"的教学为例分析深度学习视角下的数学命题教学设计实践。

1. 学习内容

基本不等式 $\sqrt{ab} \leqslant \dfrac{a+b}{2}(a \geqslant 0, b \geqslant 0)$。

2. 教学目标

（1）知识与技能目标

在这节课的学习过程中，学生要探索并了解基本不等式的证明过程；体会证明不等式的基本思想方法；会利用基本不等式解决一些简单的问题。

（2）过程与方法目标

学生在探索基本不等式的过程中渗透数形结合、等价化归等数学思想。

（3）情感、态度、价值观目标

在这节课的学习中，学生能经历数学命题的探索、发现、生成的过程，体会探索的乐趣，提高学习数学的兴趣。

3. 教学重难点

（1）重点

基本不等式 $\sqrt{ab} \leqslant \dfrac{a+b}{2}(a \geqslant 0, b \geqslant 0)$ 及其证明。

（2）难点

基本不等式 $\sqrt{ab} \leqslant \dfrac{a+b}{2}(a \geqslant 0, b \geqslant 0)$ 的探索过程。

4. 教学过程

（1）问题"来龙"

首先教师可以创设问题情境——"化矩为方"问题。教师给出一个长为

a、宽为 b 的长方形，并提出以下问题让学生进行思考。

① 如果想作一个正方形，使其面积等于已知矩形的面积，那么它的边长为多少？

② 如果想作一个正方形，使其周长等于已知矩形的周长，那么它的边长为多少？

③ 两个正方形的边长之间具有怎样的大小关系？

通过对以上问题的思考和探索，学生可以直观感知不等式 $\sqrt{ab} \leqslant \dfrac{a+b}{2}$。

然后教师引入两个概念：$\sqrt{ab}$ 为 a，b 的几何平均数，$\dfrac{a+b}{2}$ 为 a，b 的算术平均数。

之后教师利用几何画板，通过改变矩形的长和宽，让学生观察两个正方形边长的变化，进而得出数学猜想：当 $a \geqslant 0$，$b \geqslant 0$ 时，有 $\sqrt{ab} \leqslant \dfrac{a+b}{2}$。然后引出课题——这就是本节课所要学习的基本不等式：$\sqrt{ab} \leqslant \dfrac{a+b}{2}(a \geqslant 0, b \geqslant 0)$。

以上课程设计从学生所熟悉的"化圆为方"问题入手，给出"化矩为方"的问题情境，通过两种不同的转化方法，自然而然地给出几何平均数和算术平均数的概念，同时充分抓住学生的心理特征，比较两个平均数的大小成为本节课首要探讨的问题。一方面，打破了常规关于"基本不等式"的引入（天平称物体），有利于吸引学生的注意力，调动学生学习的积极性；另一方面，从学生原有的数学现实出发，亲身经历平均数的形成过程，有利于学生的理解与记忆。另外，直观感知以及几何画板的辅助，对于学生猜想出基本不等式起到了推动作用。因此，这一探索、发现的过程，联系了学生已有的数学经验，体现了深度学习的关联性、连贯性的特点。

（2）问题"实质"

① 探寻证明。

教师通过不同的实例引导学生从不同角度证明基本不等式。

② 提问。

数学是常识的精微化，能否运用严谨的数学语言给出证明？

③ 提示。

一般比较两个数的大小通常运用什么方法？

④ 学生活动。

通过学生的独立思考、小组交流，总结出证明基本不等式的第一种方法，即比较法。

$$\frac{a+b}{2} - \sqrt{ab}$$
$$= \frac{1}{2}[(\sqrt{a})^2 + (\sqrt{b})^2 - 2\sqrt{a}\sqrt{b}]$$
$$= \frac{1}{2}(\sqrt{a} - \sqrt{b})^2 \geqslant 0$$

教师要指出，在这里，当且仅当 $\sqrt{a} = \sqrt{b}$，即 $a = b$ 时，等号成立，这是从代数的角度理解基本不等式。

⑤ 追问。

除了代数的方法，能不能通过某个几何图形来理解这个基本不等式呢？也就是从几何的角度给出证明。请同学们大胆尝试，画一画，想一想。由 $\frac{a+b}{2}$，同学们很容易联想到中位线的性质，因此继续追问：既然 $\frac{a+b}{2}$ 可以表示梯形中位线，那我们在这个梯形中应当如何构造出 $\sqrt{ab}$ 的长度呢？

教师要指出当且仅当 $a = b$ 时，有 $\sqrt{ab} = \frac{a+b}{2}$。

然后教师继续追问：我们分别从数和形两个角度解释了基本不等式，无论哪一种证法都提及了"当且仅当"四个字，有哪位同学能解释一下"当且仅当"的含义？

教师引领学生总结出如下规律。

A. "当"：由 $a = b \Rightarrow \sqrt{ab} = \frac{a+b}{2}$。

B. "仅当"：由 $\sqrt{ab} = \frac{a+b}{2} \Rightarrow a = b$。

综上所述，$a = b \Leftrightarrow \sqrt{ab} = \frac{a+b}{2}$。

数学本身就是一个发现、猜想、证明的过程，学生通过亲身经历基本不等式的探索过程，对基本不等式有了初步的认识，然后教师借助"数学是常识的精微化"这样一句话，指引学生探讨严格的证明过程。但是，证明的方法多种多样，为了帮助学生多角度地挖掘基本不等式的实质，教师从代数的角度、几何的角度以及函数的角度帮助学生建构属于自己的知识体系。首先，从学生最容易接受的比较法入手，充分尊重学生的认知发展规律，帮助学生树立自信心，激发学习的兴趣；其次，教师可引导学生从形的角度直观感受基本不等式。另外，建立笛卡尔坐标系，利用函数图像进行分析才是数与形最完美的结合。所以，接下来教师可引导学生结合函数图像深入分析基本不等式。通过寻求多种证法，既能广开思路，以收培养发散思维之效，又能帮助学生加深对问题的认识，培养其深入钻研的精神。在整个过程中，环环相扣，思维缜密，通过不断地追问，拓展了学生思维的广度与宽度，在对"基本不等式"深化认识的同时，感受"数形结合"的思想方法，体会函数与不等式的完美结合，为今后学习函数、方程、不等式之间的关系奠定了基础。同时，通过不断切换视角审视基本不等式，有利于学生把所学知识融会贯通，建构属于自己的知识体系，在不断审视新观点的同时，批判着前进，在不断反省中达到深度学习。

（3）问题"去脉"

① 直接运用。

例：设 a，b 是正数，证明 $\dfrac{b}{a}+\dfrac{a}{b}\geqslant 2$。

A. 求证：当 $a<0$，$b<0$ 时，$\dfrac{b}{a}+\dfrac{a}{b}\geqslant 2$。

B. 求证：当 $ab<0$ 时，$\dfrac{b}{a}+\dfrac{a}{b}\geqslant -2$。

C. 求：当 $ab\neq 0$ 时，$\dfrac{b}{a}+\dfrac{a}{b}$ 的取值范围。

② 设计意图。

以上数学例题既是对本节课所学基本不等式的直接运用，又进一步强调基本不等式的使用范围——各项必须为非负的实数，并且通过变式验证了 a，b 为负数时不成立的情形，加深了学生对基本不等式的认识。

从总体上看，本节课主要经历了问题"来龙"、问题"实质"、问题"去脉"、小结作业几个环节。整个教学过程遵循从直观感知、操作验证到归纳猜想、逻辑证明的认知规律，注重知识产生和发展的过程，注重学生能力的培养。本节课的教学设计与教材的逻辑顺序不太一致，删减了一些对基本不等式的证明方法，增添了一部分新的视角欣赏基本不等式。但这并不意味着基本不等式的证明不重要，尤其是教材中不等式的第二种证明方法——分析法，即使不做重点讲解，也要进行介绍，对以后的学习起到铺垫作用。

基本不等式的教学设计中主要用到了数学命题懂"来龙"的创设情境教学策略、透"本质"的内悟欣赏式教学策略以及活"去脉"的变式、变题教学策略和发展性教学策略。创设情境策略是从学生的数学现实出发，通过等积、等周变换来引导学生自己猜想归纳出基本不等式。内悟欣赏式教学策略是在学生接受了基本不等式的正确性以后，通过代数、几何以及函数等不同角度帮助学生领悟基本不等式的内涵，发散思维，引发学生的深入思考，从而实现深度学习。变式、变题策略主要是通过设置变式练习以及追问的方式来促进学生对命题的掌握。

第三节　深度学习视角下的高中数学教学策略

一、指向深层内涵的课程解析策略

通常情况下，我们将教师整体分析数学课程的这一阶段叫作课程解析阶段，也就是教学第一阶段。教师在进行课程解析时要以数学本质为基础，挖掘数学的深层内涵，进而引导学生深度学习数学。

教师在向学生传授数学知识时应该牢牢地把握数学知识的两大特性，分别是知识关联性和严格逻辑性，不仅要将数学的知识背景教给学生，还要根据数学的思想方法和学习价值，深度挖掘数学内涵，在学生的理解层面进行进一步加深，以此达到落实学生深度学习的目的。

（一）理解数学的本质

想要真正做到深度学习，就要认识到，在数学学习的过程中既有深度在某一方向的线性变化，又有深度学习的三个维度支撑。这三个维度分别是数学思想高度、知识面宽度、知识本质深度。有了三维立体的学习，就能推动学生的深度学习。

曾任中学数学教师的章建跃根据自己的数学教学经验，提出了"理解数学、理解学生、理解教学"[①]三个理解。在理解数学方面，教师首先要保证自身理解数学知识的本质，不但要了解数学知识的背景，还要理解更深的层次，包括知识反映出的思想方法和数学知识逻辑发展的连贯性。只有这样，才可以加强学生对数学知识的理解。

1. 了解数学知识的背景

从历史的角度去分析数学这门学科，我们可以看到它的历史发展特性，在数学知识不断更新的过程中也将数学的进步发展和创新变革体现得淋漓尽致。

数学史与数学教育关系国际研究小组（International Study Group on the Relations between History and Pedagogy of Mathematics，HPM）成立于第二届国际数学教育大会期间。根据先人对数学的探索和数学本身的历史发展，可以得知，数学知识是有着内在的逻辑的。知识本身的局限性和创新性使数学知识在历史长河中不断扩展出新的推论、概念以及定理。数学史的发展也与数学的教学有着紧密的联系，可以从源头决定教学对学生学习数学的意义，使学生在深度学习的过程中不但学习到知识的本质，还能寻找到数学的价值。

著名数学家吴文俊对数学史和数学教学之间的联系有自己的理解。他认为教师首先要通过先人对数学的发现和巧妙算法感受到数学的魅力，用理性的数学思维感化自己，其次才能感化学生，用自己的感受使学生体会到数学文化的魅力。同时，教师要理解数学知识存在的必要性，探索知识在数学史发展中出现的来龙去脉，按照严谨的理性思维抓住教育的本质，厘清知识体系的教学方法，并对学生的接受程度进行揣摩。教师还应该在研究数学史的过程中通过升级数学思维，在更深层次方面理解教学课程。这就是吴文俊所说的"数学教育和数学史是分不开的"[②]。

教师在了解数学知识的发展历史后，可以在课程分析中合理运用，将学生在认知发展中对数学知识的困惑或冲突从思想、历史和认知三个维度进行答疑

---

① 章建跃. "卡西欧杯"第五届全国高中青年数学教师优秀课观摩与评比活动总结暨大会报告 理解数学 理解学生 理解教学［J］. 中国数学教育（高中版），2010（24）：3-7，15.

② 吴文俊. 中国数学史论文集［M］. 济南：山东教育出版社，1985.

解惑，这样学生不仅能理解数学的概念本质，还能提高自己的创新思维能力。

比如，在高中数学课程"导数的几何意义"的教学中，学生可能会出现对"切线无限逼近"的理解问题，教师可以通过数学史中割圆术对以直代曲的描述，再配套多媒体或教学工具对几何画板的全方位展示，很好地解释曲线切线无限逼近的问题，还能让学生学习到微积分的背景和切线由静到动的发展过程，对学生形成以直代曲的思想有着潜移默化的影响。

2. 理解知识背后的思想方法

数学在不断发现问题、解决问题的过程中会积累出数学思想，推导出数学规律，因此在数学的教学中，可以通过"高观点"揭示数学知识所蕴含的思想和规律，也就是从高站位看待数学知识。

德国数学家克莱因将"高观点"解释为初等数学的教学应由高等数学的知识方法进行指导。教师之所以可以从高中数学的角度感受数学知识的思想，是因为高等数学的知识结构更加深厚，逻辑性也更强，可以提升教师的思维深度，对数学知识的本质有更深层次的理解。在高等数学的高度上进行数学教学有利于引导学生理解晦涩抽象的知识，把握数学的本质，进行深度学习，最大限度地了解知识自然发生的过程，提高学生的思想高度。

在高中数学中，不等式的证明、幂函数以及函数的凸性、二项式定理等课题都可以通过高等数学来解释。比如通过微分中值定理和柯西不等式研究不等式证明；通过麦克劳林展开式分析二项式定理；通过积分原理研究导数；通过函数凹凸性分析幂函数及函数凸性等。

教师虽然可以从高站位展开对学生的数学教学，但是在教学环节中应当遵循由浅入深的原则，以对学生来说能接受和认知的较简单的知识引入，在探寻知识内涵的过程中逐渐深入更深层次。学生对数学思想和方法的学习能产生两方面积极的意义。首先，学生在中学教学中能够通过数学理念开阔自己的眼界；其次，在"高观点"的引导下学生能提高认知高度，对知识内涵的理解更加深刻。

克莱因写出了《高观点下的初等数学》一书，并提出了"当观点变得越高时，事物就显得越简单"的观点[①]。如果教师在解决学生学习中出现的问题时，没有给出足够的数学知识背景，可能会使学生无法理解大部分晦涩难

---

① 菲利克斯·克莱因, 高观点下的初等数学 [M]. 舒湘芹, 陈义章, 杨钦樑, 等译. 上海：复旦大学出版社，2008.

懂、抽象的概念和定理。因此教师应该不断学习高等数学的理论，增强自己数学知识的专业性，以深厚的数学功底作为教学基础，展开"高观点"的数学课堂，自然地引入数学学习。比如，学生对数函数的理解不够深刻，就需要教师从复数域而不是实数域中引导学生认清数函数的本质。

3. 尊重数学知识逻辑发展的连贯性

在数学课堂上，教师应当把本节数学知识与其他数学知识间的逻辑关系作为关注点，将教学内容作为一个整体，从多个角度将与本节知识有逻辑关系的内容教授给学生，给学生一个连续的学习体验。比如，在中学知识中，拥有逻辑性的代表知识内容就是数系的扩充。在不同的学习阶段出现了自然数、正数与负数、有理数与无理数、复数的不同学习内容，数系的扩充将原来的规律范围扩大，并且规律依然成立，在前人对数学的分析基础上进行了创新。

（二）整体解读数学教材

从数学学科的整体结构、核心内容和重要思想上对数学教学内容进行整体的把握，这就是章建跃认为的数学整体观[①]。对于数学学科来说，它本身就是一个融合了知识、思想、方法的整体。所以教师在教学时应当整体把握数学教材，对数学体系做整体的构建，将数学教学的最优化教育价值发挥到极致。

1. 尊重数学发展的逻辑性

从数学教材的内容看，教师要根据数学的连贯性和逻辑性逐步推进数学的教学过程，按照从简单到复杂的发展规律，循序渐进地设计教学内容。比如，在教导学生复数和曲线方程的数学知识时，从实数和平面图形引入知识的基础。

2. 重视思想方法的可迁移性

教师在备课时，应该根据教材的整体内容设计教学方法，对学生已经掌握的数学思想和方法进行升级和突破，做到方法的迁移。

3. 把握单元教学的整体性

教师在教学过程中要整体把握单元教学，这被叫作构建数学体系，属于

---

① 扈希峰. 基于深度学习的高中数学教学设计研究［M］. 长春：吉林人民出版社，2021.

数学深度学习特征的一种。数学教学中使用的教材包括选修、必修课本和其他教材，具有适应性、完整性、简洁性、可接受性、先进性的特点。因此教师在使用教材时要从这五大特点上对教材做整体把握，符合迁移观、整体观和体系观。教材中包含不同的模块，但是不同模块之间的知识也是有关联性和迁移性的，属于一个知识体系。比如，函数、向量、数列、概率与统计等模块之间的内容就是循序渐进的。

数学教学的整体观可以从宏观和微观两个角度进行把控。从宏观角度来看，教材有教学脉络和教学理念；从微观角度来看，教学课程是具有教学价值的、符合学生认知发展的课程。教师应当注意教学的细节，通过课程设计完善教师的知识和思维结构，提升教学思维高度。

第一，数学这门学科有很强的知识关联性。教师在备课时要做到心中有数，按照知识结构特征织造知识网络，对教材内容做合理的顺序调整，从知识点到知识链，扩展到知识面。因此单元教学在教学中是必要的，能使教师按照模块或章节设计教学步骤，处理好每个基本单元与整个知识结构之间的部分与整体关系，使教授的知识保持连贯性。同时以学生原有的认知水平为基础，使学生循序渐进地掌握数学知识，让学生的知识结构逐渐形成统一的整体。

第二，在教学过程中明确核心知识是十分重要的。安德森是一名认知心理学家，在 1976 年著有《语言、记忆与认知》一书，提出了将个体知识分为陈述性知识和程序性知识的观点[①]。陈述性知识指的是概念、定理、图形和符号；程序性知识指的是定理的推导过程和概念的抽象等。由于知识类型是不同的，因此在数学学习中要通过不同的教学方法，培养学生的高阶思维，引导学生深度学习。比如，在学习对数函数之前要先学习指数函数，通过函数性质之间的类比加强学生的思考能力；在学习正余弦定理的推导时，按照知识的类型不同引导学生进行严谨的数学推理，使学生学习到程序性知识并加深理解程度。

第三，将高中数学的概念划分为一般概念、具体概念和核心概念。从学科的角度看，核心概念占据了核心位置，将所有的概念紧密联系起来，并划

① 丁家永. 知识的本质新论：一种认知心理学的观点［J］. 南京师大学报（社会科学版），1998（2）：65-68.

分和延伸出一般概念、具体概念。从数学的角度看，核心概念就是对数学事实和数学发展的概括，持续影响了数学的发展，不仅体现了数学的本质，还提高了学生的思维发展能力。因此数学教学的特点是"准、精、简"。

如表 4-3-1 所示，以复数为例对数学的核心概念进行说明。

表 4-3-1　复数概念

主题	核心概念	一般概念	具体概念
几何与代数	数系	复数	复数的代数表示、几何意义 复数的运算 复数的三角表示

第四，教师要把握好教材的细节性。教材作为学习工具，给学生的学习提供了便捷。因此教师应当高效运用教材，不仅要把握教材的主要知识脉络，还要仔细阅读章头语、课前引入实例和注释等，牢记教材中的细节，不论学生对哪些知识存有怀疑，教师都能做到心中有数。教材一般是由诸多专家通过仔细揣摩和推敲合力编写出来的，具有严谨性。

二、指向认知发展的学生评估策略

教师在上课前根据学生的数学学习现状和学习效果进行预设评估的阶段被叫作学生评估阶段，也就是教学第二阶段。教师作为学生"学"的帮助者和引导者，应该在课堂上关注学生的认知发展，引导学生自我建构，厘清知识脉络，最终达到深度学习的目的，将学到的知识转化为自己的能力，因此预设评估是很有必要的。研究深度学习的澳大利亚学者、香港大学教育心理学教授约翰·比格斯（J.B.Biggs）提出了"预测—过程—结果"的 3P（Presage-Process-Product）学习模型，旨在通过科学实验来验证深度学习理论。在该学习模型中，约翰认为有两个因素影响了学生的学习发展，分别是个人因素和情境因素。个人因素包括学生原有知识、个性等；情境因素包括学生在学习前的学习环境和其他外部因素。因此高中数学教学的预设评估应该分为分析学生认知和预评估学生学习效果两部分。[①]

---

① 扈希峰. 基于深度学习的高中数学教学设计研究［M］. 长春：吉林人民出版社，2021.

（一）分析学生认知起点

按照约翰·比格斯的分析，学生对数学的认知实际上是对数学客观事实的认识，需要学生在接收数学知识或经验后进行信息加工处理，如判断、储存、提取及使用等。

想要分析学生对数学的认知程度，首先要了解学生原有的数学知识架构和相关生活经验，这也是数学认知起点。比如有关函数的概念，学生在初中时就已经学习过，到了高中，教师应该完善这一概念并做好知识的过渡。从充分利用学生数学认知起点到实现学生的深度学习一般要经历四个步骤。

1. 了解高中生认知发展规律

数学认知水平指的是学生通过转化对外显性经验和感知，使数学知识达到自己能消化的水平。对于高中生来说，他们对学习的记忆发展一般是从无意记忆到有意记忆、从机械记忆到理解记忆，他们的数学认知以初中或更早之前的数学经验为基础，将注意力放在烦琐的数学知识中，因此他们的认知具有稳定性和全面性。高中生已经具备了良好的自我认知能力，比较乐意发表自己的见解，也会对别人的意见做出评论，并通过发现自己的不足做到自我调节，能够以客观的态度看待自己的数学学习水平。

2. 立足学生，了解认知起点

想要使学生做到深度学习，就要在数学教学中重视学生的认知起点，这也是教学的基础。教师在上课之前可以通过几个水平小测试分析学生的认知水平，并让学生以思维导图的方式展示自己认为已经拥有的认知结构。基于这些，教师就可以设计与知识建构和迁移相关的教学内容。

3. 对班里学生的学习程度分布进行分析

在学生共同发展的过程中，会出现"支架式教学"和最近发展区，这导致学生虽然同处一个班集体里，却存在不同的知识层次和水平。因此教师应当发挥学生的主观能动性，利用学生有兴趣的主题进行教学，激发学生的学习兴趣，让每个学生都参与到数学课堂中，自我感知认知的不平衡性。

心理学家曾对一个人的学习效果和动机强度做过关系研究。在学生学习新知识的过程中，简单的知识水平下不能很好地激发学习动机；中等难度的知识水平下，学习效果随着学习动机的强度增大而加强；高难度的知识水平下，由于学生认知水平与知识水平差距过大，学生的学习动机受到影响，因此学习效果也会减弱,造成学生因挫败感和较低的数学体验感而放弃对新知识的学习理解。教师在设计课程之前,先要掌握班里学生的个性、能力等个人因素,然后兼顾学习程度较好和思维缓慢的学生,做到教学平衡、难度适中,这在教学预测中是很重要的。

4. 关注课堂中学生的疑惑点、兴趣点和生成点

教师应当将自己的角色转化为学生的角色,从学生的角度看待知识内容和疑问点,这在批判性学习中是很关键的。教师可以先设想学生会在哪些方面产生疑问并做好知识的过渡衔接、及时解答;引导学生接纳新知识,在自然的状态下激发学生的学习兴趣,使其主动探究问题;关注学生的情感体验,将数学知识在课堂上表现得立体生动。

新教师可能会在判断学情方面有些吃力,因此向有经验的教师进行请教不失为一个好办法,或是通过课前测验和导学案对学生学情状况做针对性分析。

如表 4-3-2 所示为函数知识在不同学段下的相关变化,初高中的教学应该考虑学生对函数的认知起点。

表 4-3-2 函数认知发展

学段	认知起点	定义	认知水平	函数模型	性质
初中	一元一次方程 分式方程 一元二次方程	"变量说":一般地,在一个变化过程中,如果有两个变量 x 和 y,并且对于 x 的每一个确定的值,y 都有唯一确定的值与其对应,此时,我们就说 x 是自变量,y 是 x 的函数	直观理解	正比例函数 一次函数 二次函数 反比例函数 锐角三角函数	图像
高中	初中函数知识 集合	"集合—对应说":设 A,B 是非空的数集,如果按照确定的对应关系 f,使对于集合 A 中的任意一个数 x,在集合 B 中都有唯一确定的数 $f(x)$ 和它对应,那么就称 $f: A→B$ 为从集合 A 到集合 B 的一个函数,记作 $y=f(x)$,$x∈A$	抽象概括	指数函数 对数函数 幂函数 三角函数	单调性 奇偶性 最值

(二)预评估学生学习效果

通过设计教学目标可以对学生的学习效果进行预测和评估。《普通高中数学课程标准(2017 年版)》对课程目标要求做了论述:通过高中数学课

程的学习，学生能获得进一步学习以及未来发展所必需的数学基础知识、基本技能、基本思想、基本活动经验（简称"四基"）；提高从数学角度发现和提出问题的能力、分析和解决问题的能力（简称"四能"）[①]。设计教学目标应当从课标的"四基四能"入手，真实思考教学原因，落实教学活动，发挥教师的主观能动性，将教师的个人理解和知识建构融入教学目标中。

1. 预设课程的知识内容

教师在进行课堂教学时应当以课标的规范性作参考，在不偏离课表的具体要求下，对教学内容进行适当调整，根据班级独特学情，发挥"了解、知道、理解、会用、能够掌握"等词的作用。在设计课时内容时，教师应当合理把握教学内容与教学目的，避免不切实际的教学。教师可以在一节课之前告知学生本节课的学习目标，每完成一节课的教学就要及时了解学生学习到的数学知识，并对学生掌握数学概念或定理的程度做到心中有数，也可以在结束课时学习后，根据学生对问题的理解和解决程度，给予学生赞扬，激发学生的内在学习动力，使学生充分感受到学习的自信，有利于学生的深度学习。

2. 预设课程的教学过程

在预设课堂的每个环节，学生都会经历不同的数学活动和知识思考，因此教师要着重分析知识形成的过程，对学生不同的反应做出合理解答，或者展现出多种形式的教学方法，比如等价、类比等，让学生更好地掌握数学思想与方法。教师通过预设课程的过程，不仅能活跃课堂，也能顺利完成教学目标。

3. 预设学生的学习体验

学生的高参与感也属于数学深度教学特征的一种。在预设课堂过程中，教师合理设计开放式、传授式的教学形式，将教学内容与课时合理安排在课堂教学中，通过传授知识实现学生对数学的热爱，体会到数学的价值，增强学生对数学知识的求知欲，促进学生积极学习。

---

① 史宁中，王尚志. 普通高中数学课程标准（2017年版）解读 [M]. 北京：高等教育出版社，2018.

三、指向深度学习的理解性学习策略

教学的第三阶段是理解性学习阶段，是指课堂上发生的对数学深层次理解的学生学习阶段。深度学习的核心目标是高阶思维，而深度学习的核心特征是深层次理解。数学理解性学习是指学习者可以通过数学学习，最终认清数学知识的本质的学习过程。建构主义认为："数学理解是学生在已有数学知识、数学思想、数学素养等基础上建立新的数学知识的正确的心理表征，以及正确构建数学知识网络的思维过程，本质就是数学知识的结构化、网络化和数学知识之间的联系丰富化。"[①]数学的理解性学习由低到高具有两层含义：一是对数学基础知识、方法的简单掌握，并进行知识间的迁移和联系，会用数学方法去解决数学问题；二是学生可以掌握数学技能，形成高阶数学思维，可以通过数学来解释生活中的现象，形成终身发展的数学素养。为了落实数学的理解性学习，在数学课堂的实践过程中应完成下面四个环节。

（一）以问题导学为载体的任务驱动

深度学习路线中第三步是营造积极的学习文化。要想使学生积极参与课堂，就要与数学任务和问题相结合，使之有效地进入数学课堂状态。任务驱动是指将教学内容隐藏在数学任务中，以问题作为载体，使学生从中获取知识的过程。合情合理的"任务驱动，问题导学"有利于发挥学生学习数学的主观能动性，提高教学的效率，也是激活先期知识的一个重要方法。

数学任务是指围绕数学教学内容而组织实施的课堂教学活动，是教师派发给学生的教学指令。好的数学任务应该具有高认知水平，具有非常规性、情景性、开放性、引导性、合作性、自主探究性、创新性等特征。数学任务不仅需要高层次的任务，也需要与具有记忆重复性的任务相结合，设置要合理。在教学中，数学任务的应用要注意下面的两个方面。

---

① 扈希峰. 基于深度学习的高中数学教学设计研究［M］. 长春：吉林人民出版社，2021.

1. 合理设置情境与问题

高中学段的教学要考虑到高中生认知水平相较于初中生的提高，所以教师的情境设置要更贴切、更具有真实性，才能吸引学生的注意力。将抽象的概念落实到具体的任务里，让学生利用学习过的知识点去分解任务，厘清解决问题的思路，自然形成对数学知识的理解。同时，要注重问题和任务的明确性，情境背景要简单清晰；阅读材料字数不要过多，否则会带给学生多余的课堂体验，不利于知识的引入；问题的设计要深入浅出，有难度层级上的变化，若都太简单，则学生没有思考的阻碍，不会激发学习兴趣，若难度等级太大，学生没有"抓手"，无从下手，也会打击其学习积极性。数学任务的设置也不必指向性过强，解决方案要具有多样性，给学生思维的发展空间。

2. 把握启发与传授之间的度

任务布置下去，给予学生充足的思考和发展空间，指令和提示性语言不要过多，否则会干预学生思维的形成。数学教学是过程性的教学，学生解决问题的过程就是探索新知的过程。教师要让学生充分展示自己的思维成果，学生之间的交流辩论与互相学习比教师单一的传授更能激发学生学习的内驱力。

任务驱动往往是以问题导学作为载体。问题导学是指教师以数学问题作为教学工具，对学生进行启发，通过分析所提出的数学问题，引起学生对解决数学问题的兴趣，是架构好与课程内容相衔接的桥梁的一种教学策略和工具，是对学生进行数学教学活动的一种前期思想准备，也是对课程内容的数学背景的一种变相介绍。

教师在对数学问题进行提问时也需要技巧，如问题要简短明确，要具有刺激性和新鲜感。数学问题最忌讳绕来绕去，学生跟不上教师的节奏就会失去分析问题的兴趣，容易思绪混乱；教师提问时要有一定的目的性，要明确适度、有层次，让学生在认知上逐步升华，激发其解决问题的欲望。问题的提出最终是为了学生高阶思维的发展，所以教师可以使用合理师生课堂角色定位以及数学问题提问方式，如表 4-3-3 所示[1]。

---

[1] 崔希峰. 基于深度学习的高中数学教学设计研究 [M]. 长春：吉林人民出版社，2021.

表 4-3-3 合理师生课堂角色定位及数学问题提问方式

阶段	内涵	课堂角色		数学问题
		教师角色	学生角色	
分析	学习者把信息分解成多个部分来更好地加以理解	探索 引导 观察 评价 提问 组织 解剖	讨论 发现 辩论 思考 测验 考试 提问 计算 调查 探究 参与	（1）哪些情况可能会发生？ （2）若发生，则需要注意哪些限制？ （3）这里面蕴含了何种数学方法？ （4）与之前哪类知识相似？ （5）为何会出现这样的变化？ （6）在……背后你能看出什么？ （7）是否可以区分……？ （8）当情况……变化后，随之……有何改变？ （9）问题在于哪里？ （10）你会将它分到哪类中去？
评价	学习者在深入反思、批判、评估的基础上做出决策	说明 接受 指导	判断 争论 比较 批判 质疑 辩论 评价 决定 选择 证明 参与	（1）是否还有更好的解决方案？ （2）这些方案的优缺点分别是什么？ （3）你会如何思考……？ （4）你能做出合理的推理论证吗？ （5）你认为……带来哪些影响？ （6）遇到同类问题，你会……？ （7）其中蕴含了……数学思想？ （8）……存在的必要性是？ （9）关键点在于哪？
创造	学习者运用先前所学到的知识形成新的观点、信息	促进 拓展 反思 分析 评价	设计 阐述 计划 冒险 修正 生成 建议 制作	（1）你能解决……问题吗？ （2）在……条件下，你有什么结论？ （3）你会如何改进它？ （4）你能想出……的新思路？ （5）若……不存在，则有何不同？ （6）你是否可以设计……？ （7）这个问题有多少种解法？

总之，无论是任务驱动还是问题导学，都要基于学生的认知起点去进行合理的构建。深度学习提出学生围绕具有挑战性的学习主题进行学习的前提是要在学生的最近发展区进行教学设计。最近发展区理论由苏联著名心理学家利维·维果茨基（Lev. Vygatsky）提出，是指教师应基于学生已有的实际认知水平，设置教学需要潜在地高于学生一层次的发展水平，让学生在教学中得以认知提升，但目标设置不要跳跃太大，要让学生在学习中体验到存在感和价值感，可以在自己探索范围内解决相应的问题，引导他们主动学习，培养其探究意识。

（二）以批判质疑为特征的探究教学

为了使学生深刻理解数学，应该让学生亲身感受数学活动和思考过程。教师不是数学专家，而是学生在参与数学活动时的引导者。深度学习的眼界不局限于课本中的教学内容，而是隐藏在教材背后动态的新的数学，是属于每一个学生的数学。学生可以在课堂中批判质疑教师甚至数学家的观点，在矛盾中产生认识数学世界的动力。

1. 给予学生真实思考的空间

探究学习下，教师应给予学生宽松的课堂气氛，引导学生积极发言。学生的发言可能存在逻辑错误或是论证不完整，教师要为学生指明正确的方向，共同解决问题，促进学生对知识的内化，提升自我反思能力。同时，教师要学会适时地"装傻"和"示弱"。

2. 培养学生批判质疑的品质

质疑是指在自己的认知领域内出现认知冲突的过程。深度学习提出学生围绕着具有挑战性的学习主题进行学习，所以学会质疑是数学学习中重要的品质。有的学生一味地倾听教师和同伴的看法，不勤于思考，就会产生思维惰性；有的学生有自己的想法，却不善于表达或不敢于表达，将想法藏在自己的心里，需要教师平时多鼓励。教师要尊重每位学生，尊重他们的发散性思维，建立平等民主的师生关系，使学生增加对教师的信任。

深度学习的定义中强调，要批判性地获取新知。我国现代心理学的奠基人之一、著名教育家朱智贤在其与林崇德教授合著的《思维发展心理学》中表达其观点：批判性思维应作为问题解决和创造性思维的一个组成部分[1]。批判性思维的培养非常重要，有助于高中生对数学现象的分析能力、推导能力以及创新意识的培养。但批判不是单纯地加以否定，而是在符合逻辑的框架内进行真理的追求。

教师要培养学生的求真意识。数学最讲究逻辑严谨、合理证明，学生在遇到教师所讲授的知识和解题方法与自己的正确推理方式产生冲突时，是否敢于质疑，这是教师需要考虑的。教师也要培养学生的分析能力和论证能力，学生敢于质疑是一方面，也要有合理的质疑，这就需要学生自身具有鉴定问

---

① 朱智贤，林崇德. 思维发展心理学［M］. 北京：北京师范大学出版社，1986.

题和提出一定解决方案的能力，因此要培养学生有条理、有思想、目的明确地去处理问题。

3. 积极培养学生的创新意识

不同的学生思维方式不同，在信息快速发展的今天，学生获取知识的途径也很多，所以有的学生会提出新的独创性见解，有可能是对知识本身权威的质疑，也可能是对教师授课内容的质疑，教师要鼓励学生用创新的眼光去看待问题。

探究式教学也存在一定的困惑。首先，高中教学内容繁多且抽象，每个课时的时间有限，探究式教学注重的是学生探究的过程，想要探究清楚一个抽象的概念或问题，并倾听学生的想法，就会难以完成原本的教学任务；其次，班里学生众多，要想尊重每个学生的想法，教师可能无法做到。针对这些问题，需要教师在探究课的选择上少而精，分析哪些课是需要学生进行探究并可以有认知层面的提升的。相较于浅层学习的被动式接受教学，探究式教学更适用于深度学习知识的建构。

（三）以有效迁移为前提的合理建构

指代神经网络方向的深度学习模型使得非线性层级更多，实现了机器学习的技术突破，而机器学习的目的在于让机器达到人脑的反应效果，其研究内容对教育学也有一定的借鉴意义。

深度学习模型可将事例、事物在进行逐层变换后得到可视化的特征。深度神经网络分为前馈神经网络、反馈深度网络和双向深度网络三个部分。前馈神经网络是最基础的神经网络，每层级的神经元与前一层神经元相连，单向传递，是对输入信号进行编码的过程；反馈深度网络与前馈神经网络的不同之处在于，反馈网络是以反卷积网络为代表的神经网络，通过解反卷积或学习数据集的基，对输入信号进行反解、解码[①]；双向深度网络则综合了前两种的算法，实现了可见层和隐层间的交替和更新，完成了神经元间双向的传播，最终使得模型最优化，同时提高了精准度。

高中数学教学可以借鉴人工神经网络在深度学习的应用理论，前馈神经网络相当于学生迁移学习的过程，迁移就是指一种学习对另一种学习的影

---

① 尹宝才，王文通，王立春. 深度学习研究综述 [J]. 北京工业大学学报，2015（1）：48-59.

响。迁移在高中数学教学中有经验迁移、情境迁移和类比迁移三种形式。运用这三种迁移方式，可以得出下列教学策略。

第一类是进行经验迁移。此处的经验既包括生活经验也包括学习经验。学生在学习时会存在一定的思维惯性，受到先验性知识和对于生活体验感知的影响，自然而然地产生思想的倾向性，教师可以巧妙运用学生已有的经验去进行引导，使学生的学习不再停留于表层。

第二类是进行情境迁移。学生对于高中数学知识的学习有时兴趣不高，无法走进数学知识中，这时教师应该设计与本节课内容相关的学习情境，寻找合适的教学素材，展示知识的多样性和丰富性，给予学生学习的兴趣和记忆点，并配以恰当的教学方法一起运用，这样不仅可以激发学生的求知欲望，很好地开发学生的发散性思维，也能提高知识的理解性，完成学生对知识的迁移。

第三类是进行类比迁移。类比是迁移中重要的学习方式，包括知识类比、方法类比和思想类比。首先是知识类比。根据桑代克的共同要素说，可以知道使学生迁移的前提是新的知识、情境或学习经验与旧的知识、情境或学习经验间有着共同的特征或相似的要素。教师在进行知识类比时，要选择两类知识间有共同点的知识进行类比，例如指数函数与对数函数、正弦函数与余弦函数、椭圆与双曲线，等等，所要研究的问题的共同点越多，就越有利于迁移的形成。其次是方法类比。数学教学离不开数学习题的锻炼，教师应该在平时的教学和课下辅导中提高学生的数学方法的概括能力，发现不同数学活动中的共同数学方法的运用，培养其深入挖掘共性的思考习惯，加深对知识的理解，有助于后续的数学学习。最后是思想类比。数学思想包括数形结合、分类讨论、化归等，教师在教学中应该灵活地穿插这些数学思想，并和学生清楚地说明，让学生在学习中对思想进行正迁移，潜移默化地形成用这些思想去解决问题的习惯。

和前馈神经网络类似，学生的认知程度会随着知识的深入和新的渗透迁移到下一个层级中，教师要巩固好学生对每个层级的认知。学生在学习过程中要加工大量新知，但可以处理的信息是有限的，所以教师在课程内容的选择上要适当。

扎实的数学认知结构可以使学生在新的迁移中很好地调动之前的记忆，

促进正迁移的形成，达到学习效果的最优化。学生的逻辑清晰，学习心态稳定，可以更好地推动后面的数学学习。

高中生学习数学知识的过程和人脑神经网络的迭代过程类似。神经元好比数学知识和数学经验，深度学习模型好比高中生建构数学体系的过程。学生从教师那里获取知识，将具体的知识以信息的形式记录下来并扩充到相应模块中，再通过自己的解码过程，也就是学生自主地去深度理解知识本质，揣摩其抽象内涵，进行反向分析，将具体的知识转化为自己抽象理解和分析数学问题的能力，丰富该模块的内容，并在不断学习的过程中调用之前已有的数学学习经验和理论将各个模块间的知识进行关联。这就完成了零散的知识点在学习过程中"点—线—网"的更新升级。

数学学习的建构过程是一个积累扩充的过程，是由浅入深学会深度学习的过程。第一阶段，学生通过解码教师传授的基本知识，形成对数学事实和数学经验的认识，例如"两点之间线段最短"，这是学生认识数学世界的根基。第二阶段，在很多数学事实和经验的累积下，学生作为有思想的学习个体，会产生对数学内容的基本看法，或是理性的，或是感性的，会产生自己的质疑和想法，对知识进行自我的编码，并在教师和同学的影响下对编码的内容进行合理修正，这代表着学生已经走进数学世界，并在其中扮演着一定的角色。第三阶段，学生已经通过认知水平的提升和教师潜移默化的影响形成数学素养，即形成对数学问题、数学活动的一定掌控力和解决能力，试着去形成最优化的数学学习方案，开始尝试着去影响数学世界。第四阶段，是数学知识的建构过程，随着对数学知识的不断学习，学生会不断更新自己的数学事实、经验以及认知水平，进而养成新的数学素养，也就是知识层级在不断地进行扩充建构，最终达成数学深度学习，即在整个建构过程后，学生会用数学的思维去看待世界，也会用良好的数学观去解决问题，使数学对自己产生终身受益的影响。

在高中数学教学中，教师要尊重学生的主体地位，去设计与知识相匹配的数学教学活动，给予学生独立的建构空间，教师以指导为主，为学生提供学习支架、学习模式或问题情境，由学生自主建构，培养其主观能动性，培养学生自主分析、评价和创造知识和问题的能力，为形成学生高阶思维奠定基础。

（四）以明晰本质为目标的变式拓展

章建跃曾指出，所谓变式是指变换对象的非本质属性，突出其隐含的本质要素[①]。数学思维的形成既是静态的活动也是动态的活动，在变化中寻求不变的本质，通过一些条件和问法的改变让学生看清藏在问题背后的内涵，是深度学习的一种策略。

顾泠沅提出了概念性变式与过程性变式两种形式[②]，给教师使用变式策略进行数学教学提供了理论借鉴。概念性变式是在已知的经验或是对象间进行对比和扩充，产生对知识的多层次理解；过程性变式是指在有层次地进行逻辑铺垫后，循序渐进地让学生产生对知识的理解并形成数学经验。无论是概念性变式还是过程性变式，教师都应培养学生"以不变应万变"的能力，在变式中启发学生发现学习数学知识或运用数学方法的规律，提高学习的有效性。

首先是对数学概念进行变式。数学概念是学习数学的基础，通过基础问题来引入，在此问题上进行数字形式的变化、字母的提炼、实际问题的应用等，让学生在内容维度上进行从具体到抽象、从特殊到一般、从微观到宏观的知识变化，从浅层次理解到深层次挖掘的一个学习过程。概念的变式通常是通过让学生进行一系列的问题思考来剖析概念本质的，引导学生参与概念发生的过程，通过多方位、深层次的数学问题情境让学生准确理解数学概念。

其次是对数学命题进行变式。两两命题之间可能存在着充分必要、充分不必要、必要不充分等关系，利用两个命题之间的关系进行变式，并让学生去分析为何能推导、为何不能推导，在理解的过程中对定理或命题进行深刻的剖析。例如，若一个数为负数，则它的平方为正数；若一个数的平方为负数，则这个数是什么数？在命题的基础上进行变式，自然而然地引出复数。

变式最重要的就是对数学习题进行变式。习题是检验学生学习效果的一个直观体现，通过解决数学问题，学生可以真正理解所学的知识，促进能力的发展，把握学习的规律性。波利亚曾提出，解题不应形式化，而是要让学生有目的地进行思考。习题的变式分为一题多变、一题多解、多题共解三部分。

① 扈希峰. 基于深度学习的高中数学教学设计研究 [M]. 长春：吉林人民出版社，2021.

② 鲍建生，黄荣金，易凌峰，等. 变式教学研究（续）[J]. 数学教学，2003（2）：6-10；23.

一题多变是指在原有的最简洁的知识理解题目上，对已知条件、所求结论、解题过程中的障碍进行丰富和改变。例如加入新的问题背景，考查学生从问题中提炼数学语言的能力；或加入新的知识角度，将问题综合化，考验学生对知识的关联能力；由一个问题进行多个角度的变换，使得不同思维水平的学生都能得到有效的锻炼，拓展学生的思维方式，在厘清一道题的本质过程中理清一类知识间的关联，推动学生的认知发展，也有助于知识的建构。

一题多解重在提高学生数学学习的参与性。深度学习提倡学生的高参与，全身心地投入数学活动中。学生间有着差异性，看待问题的角度和特征不同，有的习惯由条件顺向推出结论，有的习惯由结论去找条件，每一种解题方案背后都有着学生的思维方式，教师应该尊重其思维习惯，引导其发散性地思考问题，用不同的论证来解决同一个问题。教师要在课堂上鼓励学生提出多种解决方法，互相交流，通过同伴间的影响，扩展思路，培养其多层次解决问题的能力，并使其在不同角度下发现设置的条件与结论之间存在的内在联系。

多题共解是指通过多个拥有同一种解题方法的题目进行大量的训练，使学生有效地巩固一种数学解题方法，重在收集不同知识、同种数学方法的题目，进行分析、比较，感知信息间的关联性，进行数学规律的总结。

经过任务驱动、探究学习、合理建构、变式拓展这几个高中数学教学策略后，基本可以达成学生高阶思维的形成。深度学习的课堂上从注重教学内容转变为注重教学过程，从学生浅层理解知识转变为学生对知识深层次理解，高阶思维应运而生。高阶思维是现代人才所必需的品质，突出培养学生的这类品质，有利于增强学生遇到问题时分析问题、判断是非、独立学习、冷静思考的能力，为学生未来实现个人价值、融入社会、适应新时代的步伐做好思想武装准备。

四、指向高阶思维的学习反思策略

教学的第四阶段是学习反思阶段，是指学生在对数学知识进行量的积累后，进行学习反思，以达到质的升华的阶段。所谓高中生的数学思维，是指学生在对高中数学感性认识的基础上，运用比较、分析、综合、归纳、演绎等思维的基本方法，理解并掌握高中数学内容，而且能对具体的数学问题进行推论与判断，从而获得对高中数学知识本质和规律的认识能力。

数学深度学习旨在培养有利于学生终身发展的高阶思维习惯。思维的培养要基于学生自觉的思考，即教师要在平时的数学课堂、数学辅导中培养学生的反思能力。只有引导学生主动地去思考数学的问题以及自己存在的困惑，才能培养学生良好的思维审视性、思维敏捷性、思维创造性和思维深刻性。

（一）培养学生数学反思能力

1. 培养学生数学反思能力的策略

很多高中生在一节课之后觉得自己对数学知识都理解了，经过一段时间，感觉自己疑惑的点还是很多，这是因为缺少反思的学习是浅层学习，浅层学习忽略了学生自主的深度思考，忽视了审视自己对于知识的再认知。反思能力的培养主要采用元认知学习策略。元认知是指对认知的认知。元认知理论中有一个要素是元认知监控，即学习者在学习过程中或学习活动结束后，自发地对自身的认知结构进行积极的控制、调节的过程，也就是自我反思。

（1）利用多种形式促进学生的反思

反思能力与学生的主动性密切相关，其培养是一个循序渐进的长期过程。首先，教师要教会学生如何进行数学反思，从哪些方面进行反思，通过反思式的形式，让学生初步了解反思的模式，养成思考的习惯，学会将外部反馈转化为内部吸收。在此基础上，课后采用知识整理和错题整理的形式，让学生形成自我反思的能力，对每日的数学学习进行再认知，将所收获的内容记录在整理本上，做好标记，经过日积月累，逐步清晰数学的知识体系并扩充新的数学方法，从而使数学的认识、应用和创新水平有所提高。

反思是数学活动的核心力量，教师要时刻培养学生的反思能力，教会学生如何进行有效的反思，每节课后要让学生进行自我判断、自我审视，如表 4-3-4 所示，教师可以通过几个问题来回顾一节课的内容，让学生养成反思的习惯。

表 4-3-4　课后学生自我反思

自我判断	（1）今天我理解了什么知识？ （2）今天的学习和之前的知识有何联系？ （3）自我判断对我的数学能力有何提升？ （4）我存在什么困惑？ （5）是否可以自己解决？

反思也是一种自我批判，例如数学习题整理，很多学生并不理解教师留下这方面作业的重要性，应付性地将错题和答案誊抄到本上，不进行自我总结和思考，空有一副学习的架子，却没有实质性的学习进展，这样会影响学生认知水平的提升。学生不仅要整理、反思错题，也要整理具有共同解题方法和思路的核心题目，从中发现规律；还要整理一些有价值、具有新的解题思路的题目，这样学生才能真正进步。所以教师应该向学生点明整理本和反思纸之类的用途，让学生切实地去分析学习困惑，并持之以恒地进行不断的反思，积累自己的学习经验，磨炼自己的学习意志，为后面的学习奠定基础。下面是教师可以提供给学生整理习题的反思模型，具体内容如表 4-3-5 所示。

表 4-3-5　解题后学生自我反思

自我监控	（1）我做题时遇到的障碍在哪儿？ （2）此题是否还有更简便的解法？ （3）老师是从哪个角度解决这个问题的？ （4）解题思路是怎么得到的？ （5）遇到类似的题或者变式题是否能解决？ （6）这些题具有什么共性？

（2）教师要做到授人以渔

教师在数学教学中要给学生思考的空间，经过深层次思考的内容才是学生习得的知识。学习是一个主动的过程，知识的难点、抽象的概念以及高阶的数学思维都不是靠教师教导出来的，而是学生在自我领悟过程中获取的。经过持续不断的反思，学生会形成自己成熟的数学经验，也会发现自身存在的不足，总结经验教训；会有意识地收集多种数学方法来充实自己的解题经验；并在与同伴和教师的交流中不断调整自己的学习策略，灵活使用浅层学习法和深度学习法，在完成学习目标的过程中找到自己的学习存在感，增强学习数学的自信心，激发学习潜能。教师不仅要培养学生的反思能力，更要注重培养学生调节自己学习方法的能力。在学生请教问题时，更多的是授人以渔，而不是授人以鱼，教导学生如何针对自己的学习困惑制定学习调整策略，要针对学生的不同个性和知识水平给出合理建议，由浅入深，逐步引导学生形成自主调节学习的能力。

2. 培养学生数学反思能力的课例

此处以高中数学中的排列组合知识为例分析深度学习视角下教师如何在数学教学中培养学生的数学反思能力。例如，在排列组合中有这样一个题目：教师要将五本不同的书全部分给四名学生，并保证每名学生至少有一本书，问有多少种不同的分法。

（1）例题分析

学生可能会产生如下错解：先从这五本书中选出四本书，有 C_5^4 种分配情况；再给到四名学生，有 A_4^4 种分类方法；然后将剩余的一本书分给任意一名学生，最后结果是 $C_5^4 \cdot A_4^4 \cdot 4 = 480$ 种不同的分法。

题目正确解法如下。

方法一：先将两本书捆绑在一起，形成四组书，有 C_5^2 种分类方法；再将这四组书随机分给四名学生，有 A_4^4 种分类方法，最后结果是 $C_5^2 \cdot A_4^4 = 240$ 种不同的分法。

方法二：先从四名学生中随机选出一名学生，有 C_4^1 种分类方法；再给他从五本书中选出两本书，保证每个人至少有一本书，此时有 C_5^2 种分类方法；剩下的三名学生再分剩下的三本书就可以了，最后结果是 $C_4^1 \cdot C_5^2 \cdot A_3^3 = 240$ 种不同的分法。

（2）学生反思

① 错因：拥有两本书的学生先拥有哪本书是不用考虑的，但在求解时重复算了一次。

② 原因：自己思考不够严密，没有辨别出重复的内容，将无序的问题进行了有序化，使得情况重复了。

③ 改正策略：做此类题应注意先组合后排列，而且要明确一个对象依次进行分类。在此题中，先分书后派发给人，或是先选人后分书，这样才可

以保证完备性和互斥性。

（二）培养学生数学思维习惯

1. 数学深度学习的思维

我国著名教育家叶圣陶先生曾说："教育是什么，往简单方面说，只需一句话，就是要养成良好的习惯。"[1]良好的学习习惯是有效学习的开端，高中数学学习中最重要的是数学思维习惯的养成。数学思维习惯即学习者在经历长期数学学习后养成的用数学思维去看待问题的良好习惯，即看待问题具有数学学科的理性、逻辑性以及全面性。

众所周知，数学是思维的科学，数学是思维的体操。思维的养成需要教师长期对学生进行教导与影响，需要学生形成良好的数学学习习惯，勤于思考、勤于反思，主动提升自己的数学见识，这样才能逐步养成高阶的数学思维习惯。

学习习惯的形成与家庭环境的影响、同伴的影响以及教师的教导，甚至与社会环境密不可分，因受研究教学策略的影响，我们只研究高中数学教师对学生良好思维习惯的养成策略。

在高中学习过程中，高中生的数学思维水平是在不断提升的。刚进入高中的学生在解决问题时会比较套路化，思路无法打开，逻辑性也偏差，但随着直观思维向抽象逻辑思维的不断转化，高中生变得思维广阔，能够批判性地看待问题，也更愿意与人分享自己的思维方式。高中的数学知识要比初中的知识更加广泛和抽象，数学语言更加符号化，高中数学可以使学生的数学学习更加深刻全面，也有助于学生形成严谨的思维。经过高中数学的学习，高中生的数学思维会从浅显的认知转向对数学本质的理解，而且会更灵活地调动自己的知识，更有组织地进行思维加工。

高中的数学教学具有独特的学科特点：一是思维的抽象性。有些概念和公式的来源与生活实际较远，学生难以接受其内涵。二是思维的多样性。高中数学知识涉及的数学方向很广，学生思维活跃，教师也多主张学生进行数学思维活动。三是思维的严谨性。数学是一门学科，更是一门科学，讲究严

---

① 朱永新. 叶圣陶教育名篇选［M］. 北京：人民教育出版社，2014.

谨性，更侧重于逻辑推理和严格论证，目的就是培养学生严谨的思维习惯，不仅为了数学教学效果，也是为了培养学生严谨的做事态度。

2. 培养学生数学思维习惯的策略

深度学习的核心因素是高阶思维。思维是指人脑探索事物内在联系及其规律性，是一种智力活动。高级思维在布鲁姆的界定中是认知层次中分析、创造这两个层次。在高中数学教学过程中，要从批判性思维和创造性思维两个角度来促进高中生高阶思维的形成。

（1）培养学生的批判性思维

初中阶段学生对数学学习具有一定的思维定式，为了提高其思维水平，在高中阶段，教师应多角度地引导学生去解决问题，提高其批判性思维水平。教学中可以借鉴恩尼斯（Ennis）的批判性思维教学模式。① 澄清批判性思维学习的价值。② 诊断批判性思维教学所需训练的行为。③ 呈现批判性思维的层面。④ 实施批判性思维训练。⑤ 评量批判性思维训练效果。

（2）培养学生的创造性思维

数学创造性思维的培养首先需要激发学生学习数学的兴趣，可以利用电子手段辅助教学，采取新颖的形式为学生展示数学世界的美妙和丰富性，让他们从"要我学"变为"我要学"，充分参与到数学的探究活动中，群策群力，在同学间产生连锁反应，有助于学生数学灵感的激发。其次要引导学生进行有意义的数学观察和数学想象，培养学生敏锐的观察力，从独特的视角看待问题，发现问题，自由联想。数学想象是培养创新性思维的基础，天才数学家卡尔达诺（Girolamo Cardano）在赌场中发现了概率的存在，并写出第一本关于概率论的著作——《论赌博游戏》。可以看出，学生可以学习到的知识是有限的，但是基于知识可以展开的数学想象是无限的，教师应该给予学生想象的空间，例如，著名数学家高斯（Gauss）10 岁时，教师布特纳（Buttner）在课堂上提出"$1+2+3+\cdots+100=？$"的问题，高斯通过简便算法公式迅速得出答案"5050"，后来经验算，教师认可了高斯的求和公式，也成就了一名大数学家。但有意义的数学想象是以扎实的知识基础和清晰的数学逻辑作为基础的，因此教师要教导学生提出与数学相关的创新性观点，不可太过天马行空。

　　在课堂中，教师要对学生标新立异的观点和与众不同的想法进行鼓励和肯定，用发展的眼光去看待，增强其自信心，并进行适当的引导和启发。高中生毕竟认知水平有限，可能无法做到合理完善地创新，但培养创新意识对培养适应当今时代发展的人才具有战略意义。

第五章　有效教学视角下的
高中数学教学实践

　　本章介绍了有效教学视角下的高中数学教学实践，主要从三个方面进行了阐述，分别是有效教学视角下的高中数学教学设计、有效教学视角下的高中数学教学反思与教师成长、有效教学视角下的高中数学教学策略。

第一节　有效教学视角下的高中数学教学设计

一、有效教学视角下的高中数学活动设计

　　对于学生来说，数学活动就是让自己体验数学化的过程，从而使得自身能够自主构建数学知识。它对整个数学教学过程起到直接支持的作用，并且自始至终地贯穿其中，其效果直接影响数学课堂的教学效果。从实质上看，数学教学就是数学活动和思维活动的教学。数学教学活动是一个由"知识—问题"到"问题—解决"的认知发展过程。由此，教师在对学生的数学活动进行设计与开展的时候，应特别注意把握好下面的内容：数学活动应能够做到直接反映数学的实质，简单来说，就是活动应包含数学化过程。其教育意义主要表现在：学生直接参与了数学活动的全过程，并由此获得了大量的数学活动经验，进而能够较好地基于数学本质把握数学对象，了解数学知识并熟练应用数学思想方法进行解题，从中得到富有个性特征的感性认识、情感体验以及提高数学素养与强化数学应用意识、创新精神等。数学活动有多种类型，下面列举几种典型的数学活动形式，并谈谈如何设计活动实现有效教学。

（一）情境性数学活动的设计

1. 情境性数学活动概述

以情境为基础，相关问题就能够有理有据地诞生，它始终伴随着教学实施存在，并且其本身是探究活动的领域，能够在一定程度上有效促进创造思维的不断诞生。所以，在数学教学中合理设置不同的情境，可以在一定程度上有效调动学生学习的兴趣与积极性；它可以帮助学生在数学学习过程当中不断发现问题、解决问题，深刻认识到数学知识的诞生与发展，进而帮助学生更好地感受数学、体验数学，并在情境中为发展学生优良的数学素养与品质奠定基础。数学有效活动的设计包含情境性数学活动的设计，设计一些蕴含数学问题的情境性数学活动并由此展开教学，对提升教学有效性具有重要的积极作用。

2. 情境性活动设计要点

第一，情境性活动要尽可能贴近学生的生活实际，关注学生的生活世界，重视学生的亲身体验，让学生真切地体会到数学来源于生活，数学就在自己身边，从而对数学产生亲切感。

第二，情境性活动要为本节课的教学内容服务，为达成教学目标奠定基础。

第三，情境性活动要蕴含明确的数学问题，便于让学生经历和体会数学学习中"问题情境—建立模型—解释应用—拓展"的过程，强化数学应用与建模意识，提高发现问题、提出问题、分析问题和解决问题的能力。

第四，情境性活动可以适当借助一些现代教育技术手段进行，促进师生之间的交流、合作，为学生提供更多动手、动脑的机会，充分挖掘学生的潜能，展示学生的创新能力。

第五，情境性活动的设计要注意把握度。情境性活动是教学的土壤，是教学的种子赖以生存的环境，但教学的种子也不能一直埋在深处，经过一定的发展，教学的种子要生根、发芽，冲出土壤，向空中生长，汲取必需的养分。因此，教学的种子埋在情境性活动的"土壤"中的深度非常重要。过分追求情境性活动，会淡化数学内容的正当性教学，导致缺乏数学的深度和广度，甚至忽略对数学的一些本质问题的教学；反之，不重视情境性活动的教学设计，会使教学的种子在贫瘠的土壤中生长，缺乏丰富的养分。

第六，情境性活动的设计要注意多样化。不同的内容、不同的时机、不同的对象采用不同的情境性活动方式，让学生不再对数学下枯燥、抽象、单调、难学的定义。

（二）探究性数学活动的设计

1. 探究的认识

在《牛津英语辞典》所描述的定义当中，探究指的是"探索知识或信息特别是求真的活动；是搜索、研究、调查、检验的活动；是提问和质疑的活动"。依据《汉语大词典》的释义，探究的主要意思是"探索研究"，简单来说，就是试图寻找答案并解决问题。根据《辞海》（1999 年版）的释义，探究是"深入探索，反复研究"。探讨主要指的是探求学问、探求真理、探本求源的活动。除此之外，对于部分专家学者来说，探究的释义要更加严谨，比如"探是探，究是究，探究是探究"[①]。探究包括"探"与"究"两大进程。在这一教学设计中，"探"是基础，"究"是目的，两者相辅相成。"探"主要是寻找解题思路、研究数学规律、讨论数学问题、发现问题结论、提出数学猜想、推广数学命题等；"究"的内容包括确认数学规律、明晰数学问题背景、探索数学对象间逻辑关系等。基于此，我们能够较为清晰地认识到"探"主要指弄清是什么的过程，而"究"主要指弄清为什么的过程。

2. 探究性数学活动的设计要点

探究性数学活动的设计需注意以下几点。

（1）找准探究问题

问题是探究的出发点，没有问题，探究活动无从谈起，没有价值或没有思考力度的问题也无法实施探究过程，开展的活动难以诱发和激起学生的探究欲。因此，找准探究问题对设计探究活动至关重要。寻找探究问题要站在学生的思维角度进行，预计数学活动中可能会出现的思维"拐点"，即悬而未决但又必须解决的问题点。

（2）探究的针对性

找准探究问题是探究的起点，之后要围绕学习主题和学习过程开展有针对性的系列的探究活动，设计探究性数学活动要预设探究线路和预料多种情

---

① 赵思林. 中学数学研究性教学与案例［M］. 成都：四川大学出版社，2016.

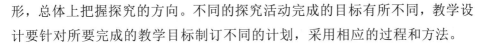

形，总体上把握探究的方向。不同的探究活动完成的目标有所不同，教学设计要针对所要完成的教学目标制订不同的计划，采用相应的过程和方法。

（3）探究的真实性

开展探究的问题必须是学生真实遇到的数学或生活中的问题，而不是脱离学生实际或超出思维水平的问题，或者纯粹是学术上的抽象问题。只有这样，学生才能以自然的、积极的状态投入探究过程。在探究的过程中展露教师和学生真实的思维过程，保护学生的思考和展示的积极性。

（4）方式的多样性

数学的探究活动应该保持思维活动的开放性，鼓励学生从多角度探究问题，因此，在设计探究活动时应考虑以多种方式进行，以此激发学生学习的主观能动性，引发学生积极分析和思考，让他们能够主动地从探究的一个阶段过渡到另一个阶段，从一种方法联想到另一种方法，这样可以慢慢打开学生广阔的思维空间，促进学生自主探究。

（三）认识性数学活动的设计

1. 认识性数学活动概述

数学学习活动，特别是高中数学学习活动中有很多是认识性活动，简单来说，就是要对数学对象做到初步认识，进而确立概念认识与数量关系，并坚持培养空间观念和符号意识等。一般而言，这些认识性活动常常是为了在后继的学习中积累基本的活动经验以及打下知识基础，具有重要的作用。因此，如何引导学生开展这些认识性活动成为教学实践中一个值得关注的问题。对于教师来说，在对此类数学活动进行设计与组织的时候，应当选择一些行之有效的策略，努力使学生充分体验由感性到理性、由具体到抽象、由现象到实质的逐步认识过程。

2. 认识性数学活动的设计原则

在认识性数学活动中，教师在教学中应特别坚持三条原则：一是现实性原则，需要根据感性材料，结合学生已获得的知识以及学生积累的经验来推进活动的进行，进而促使学生能够进一步发展"数学现实"；二是科学性原则，在活动过程中应当由表象认识逐步发展为理性认识，牢牢把握数学本质，运用恰当的数学表达，进而深入认识并了解相关概念，明晰新概念和已经掌握的概念之间的联系；三是应用性原则，使学生通过不断运用活动所学内容，实现知识的巩固并建立起成熟的知识体系。还应当注意的是，教师在开展认识性数学活动的时候，需要专门指导学生做到以下两点：第一，学生要能从众多的事物、事件或情景中理解或抽象出其共同具备的特征；第二，学生要能分辨出和概念有关或者无关的符号，从而加以区分、概括。这两方面的条件是站在学生的立场上提出来的，即学生认识性活动是向他们提出来的要求，学生要具有一定程度上的学习能力。教师贯穿活动始终，其存在的主要意义就是指导、点拨，促使作用于学生的活动情境和认知活动得以顺利开展，进而使得学生可以主动建构知识。

二、有效教学视角下的高中数学习题设计

数学有效教学本身属于系统工程，所涉及的要素多而杂，但是值得注意的是，习题教学无疑是有效教学实施的重点。因此，要提高课堂教学效果，就需要教师根据教学目标和学情设计出较高水平的课堂习题。数学习题设计要把"立足于学生的发展"作为原则，从目的的确定、材料的选择、数量与难度等诸多方面严格遵循必要原则。除此之外，在部分习题当中还需要重点提倡多元化需求。

（一）数学习题设计的原则

在数学习题的有效设计方面，应当始终坚持五项原则——明确性、就近性、恰当性、适中性、层次性。

1. 目的明确性原则

练习存在的根本目的是使学生能够巩固消化新知，促进自身所掌握技能的提升，培养自身的能力，并能及时地诊断出教学中存在的问题，对学生学习效果进行评价。对于教师来说，不应当将课堂中的练习作为教学的"程式"，要摒弃为了"练习"而"练习"的思想，并且教师也不可以利用课堂练习对学生肆意进行约束与打压。要使课堂练习真正起到帮助学生学习，促进学生成长的作用，就必须精心设计练习题。所以，教师要遵循明确的原则来设计习题，以确保相关习题言之有物、有针对性，从而促使习题能够充分发挥自身认识、教育、考核的作用。

2. 选材就近性原则

对于教师来说，在进行习题设计的时候，需要以课本为出发点，依据就

近原则，选择并深入挖掘课本素材，切忌舍近求远，也不可未加调研就"引进"。教师对课本上习题的选择要有一定原则，真正把学生对习题的需求与实际的情况进行结合，避免对课本内容不加分辨地完全照抄。简单来说，需要将难易程度合理且能够更好地帮助学生进行知识巩固的习题融入教学当中，要敢于放弃或改变又难又怪的习题。对于教材中一些比较重要、难度较大的习题应尽量做到化繁为简。就近选材进行习题的设计可以让学生更加关注课本，牢牢把控知识的来源，能够在很大程度上帮助知识实现自然增长。

3. 数量适当性原则

苏霍姆林斯基认为，数学教师应给每个学生挑选适合他的问题，不催促学生，不追求解题数量，让每个学生经过努力都能成功[①]。所以数学习题的设计要从量上严格遵守适当性的原则。同时不能一味地追求题海战术，而应该在适当时候对题目进行必要的调整和取舍，使之与教材有机结合起来。数学练习要想做到"熟能生巧"，就需要基于良好的分寸进行合适数量的习题的练习。所谓适度，就是根据不同层次、不同水平学生对数学知识理解与接受能力的差异来确定相应的数量比例，使之符合教学规律。若是部分习题的数量不足，那么就会在一定程度上导致学生很难顺利掌握解题的基本要领，遑论"熟"与"巧"。所以，教师在教学过程中必须重视对习题量的控制。一旦习题的数量超过一定范围，往往会导致学生群体出现赶题、抄题的现象，由此不仅无法促进学习成效的提高，也会在一定程度上进一步增加学生的负担，甚至会直接导致学生厌烦学习。

4. 难度适中性原则

所设计的习题在总体上应该适用于思维能力层次不一的学生，并遵循难易程度与学生实际情况及需求相符的适中性原则。同时，应考虑到题目难度过大会对学生造成沉重的打击，进而影响学生的学习情绪，甚至会直接导致学生对学习产生厌恶感。而难度过小则会使得学生难以获得理想的学习效果，既不利于学生内在动机的激发，又不利于知识技能的拓展，还不利于学生创新性及解决问题能力的发展。所以，习题设计应以难易适度为根本，坚持做到难易程度与梯度的可控。

---

① 王兆新. 新课标下对数学作业的几点认识［J］. 甘肃教育，2008（20）：55.

5. 结构层次性原则

习题设计应本着不同个体在数学方面获得不同发展的思想，按照题组结构层次性原则进行设计。教师必须根据班级中学习水平相差很大的学生的需求，实现习题的多层次结构设计。根据不同层次的特点和需求确定相应的练习量，促使所有学生都能够在相关习题当中获得满足，所以习题的种类应包括不同层次的基础题、发展题和提高题等题型，由此才能满足不同知识水平学生的学习要求。在对某一主题的习题中存在的若干个小问进行设计的时候，需要严格关注各小问之间的关系与递进层次，从而构建出互相联系的、从易到难不断深入发展的结构层次。

（二）数学习题设计的多元化要求

美国的数学教育家波利亚认为："一个有责任心的教师与其穷于应付烦琐的数学内容和过量的题目，还不如适当选择某些有意义但又不太复杂的题目去帮助学生发掘题目的各个方面，在指导学生解题的过程中，提高他们的才智与推理能力。"[①]所以教师在教学中要尽量合理且充分地使用教材上的练习题，并根据需要的主题对相关习题进行重新设计。值得注意的是，在习题的设计过程当中，需要满足以下四个方面的需求：一题多问、多题一解、一题多变、一题多解。

1. 一题多问——问题的多向性

在设计习题的时候，往往由同一个主题引出并列式或者递进式的很多问题，从而构成一个"问题链条"，并基于此加强一些新的知识或新的方法，所以，我们常将其称作"一题多问"。所谓"一题多问"，主要指的是命题与解题角度相离散，这是多向思维中的一种基本的表现形式。

2. 多题一解——问题的多面性

实质内容相同的题目，其呈现方式也是多样的，可以训练学生把握问题实质的思维能力，促进学生数学眼光的发展。所谓"多题一解"，就是分散命题角度，集中解题角度，简单来说，这也属于多向思维基本形态中的一种。

---

① 麦少凤. 遵循波利亚"解题表"，深挖题目内在价值：以一道课本习题为例 [J]. 数学教学通讯，2020（11）：16-18.

3. 一题多变——问题的多变性

"一题多变"是多向思维多种表现形式中的一种，其本身从命题角度与解法角度两个层面上同时进行发散。精心设计"一题多变"习题，可以促使学生进行横向联想，进而找出解决问题的普遍规律，实现事半功倍的效果，锻炼他们思维的灵活性、开放性、创造性，从而使得学生能够切实掌握解决问题的关键。

4. 一题多解——问题的多解性

数学中的问题种类繁多，数量庞大，为了突破"题海"，必须设计或选择足够有代表性的合适的数学问题，这就必须讲究"战术"，所以解决这类问题的策略就是运用合理的"题海战术"。"一题多解"是从解法角度出发，在习题设计中应考虑到的一类开放性的问题，这类带有多解性特征的问题一改以往问题情境与知识要素等相对来说较为单一、封闭的格局，设置多样化、非线性情境，可以让学生形成一个由各种思维要素构成的开放性与非线性思维系统，有利于学生创新思维能力的发展。所谓"一题多解"，就是命题角度集中而解法角度发散，这是多向思维基本的表现形式之一。在解题时采用多种思路，可以有效地突破教学难点，提高教学效果。在对"一题多解"的习题进行设计的时候，可以有效增加学生自我发挥的思维空间，激发学生的学习热情，并为教师总结提炼方法提供好材料。

三、有效教学视角下的高中数学问题改编设计

有效教学重视课堂的效果和效率，效果是课堂教学有效性的第一表征，课堂教学的输出结果对教学目标的达成称为课堂教学的效果。有效果即指教师教学紧扣教学目标，完成规定任务，顺利促使学生达到教学目标。效率是课堂教学的输出之于课堂教学的投入而言的，与巴班斯基的"教学过程最优化"极为相似，就是在规定时间内，以较少的精力达到当时条件下尽可能最大的效果，或者转化为时间量度，计算为有效教学时间与实际教学时间的比。有效率即指课堂教学善于抓关键、抓重点，在较短的时间内完成相关任务，不拖沓、延缓。由此可见，高中数学的有效教学要求学生能够举一反三，从一个问题的解决过程中归纳出一类问题的解决思路，提升学习的效果和效率。因此在有效教学视角下，高中数学教学要重视对数学问题的改编，让学

生从不同的数学问题中巩固所学的数学知识。

（一）数学问题改编概述

所谓数学问题，就是在数学中需要解答或者说明的问题。数学问题可以分为广义的数学问题与狭义的数学问题两种类型。从广义上讲，数学问题就是数量关系与空间形式之间所产生的难题与矛盾；从狭义上讲，数学问题是指那些已被显化了的题目，它们以命题的方式呈现，主要有求解类、证明类、设计类和评价类等。从本质上看，数学问题就是一个具体问题。在教学中，数学问题通常指狭义上的数学问题，在某些时候也会被简称为数学题，它们是已知结论的问题，表现出接受性、封闭性、确定性的特点。在教学中，数学问题改编也就是对数学题的改编，就是对现有数学问题的条件与结论部分在内容、结构、情景等方面加以改造而获得新问题的命题设计方式。在数学问题中，经过改编的问题通常被称作改编问题，也就是改编题。相应地，未经过改编的问题常常被称作原本问题，也就是原题。改编题相对于原题而言，既负载着知识的内容，也包含着数学思想的方法，除此之外，又构建出了新的问题情境，借此充分传递改编者的设计意图，并以此为基础不断进行巩固、变式训练，以便实现相应的教学目的。

（二）数学问题改编的方式

在问题内容与结构视角下，完整的求解类或者证明类数学问题是由问题条件系统与问题结论系统两大子系统组成的体系。由此我们能够断定，数学问题改编的基本途径有两个：改变条件与改变结论（见图 5-1-1）。问题条件系统由元素限定、构件模型和结构关联三个基本要素组成。元素限定就是对问题条件系统的组成构件元素进行量化限定；构件模型就是问题条件系统中的各种组成构件；结构关联就是问题条件系统各个组成构件之间的结构关系或逻辑关系。问题结论系统中存在考察对象、设问层次和呈现方式三方面的主要内容。考察对象为问题结论系统中的具体对象。所谓设问层次，就是在一个问题结论系统内，对同一考察对象构建的多向设问结构，抑或是面向若干考察对象构成多级设问结构。呈现方式是问题结论系统对结论的需求与表述方式，就结论的开放性而言，我们通常将其分为开放型（含半开放型）与非开放型。

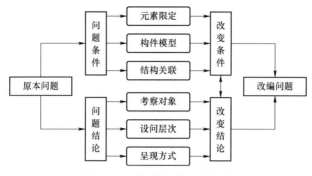

图 5-1-1　数学问题改编方式

通过对问题的系统结构进行研究，能够从中看出数学问题的改编途径主要包括六种单一途径，而两种或两种以上单一改编途径相结合的综合途径又有很多种。针对问题系统所包含的情境进行改编亦属问题改编途径，只是这一途径为非本质改编。总体而言，数学问题改编有如下方式。

1. 改变元素限定

改变元素限定就是在原本问题条件系统下，对一些构件元素进行长度、尺寸等量度限定，抑或是增加或者减少限定元素的条件，进而完成问题的改编。

2. 改变构件模型

改变构件模型就是将原本问题条件系统中的某一构件模型换成另一构件模型，对元素限定情况进行相应的调整，以获得新问题的改编方法。比如，将三角形模型替换为正方形模型，抑或是将正方形模型替换为矩形模型。

3. 改变考察对象

改变考察对象就是在不改变条件系统主要条件的基础上，通过对其结论系统考察对象的增删或更换来改编问题。比如，可以将部分对线段进行考察的问题替换为对面积进行考察的问题，抑或是将对角度进行考察的问题替换为对函数进行考察的问题，等等。

4. 改变呈现方式

所谓改变呈现方式，就是在不改变条件系统主要条件的基础上，通过变化结论系统对结论要求以及设问等呈现方式来实现改编问题的目的。

上述改编方式都是建立在原有问题条件与结论的若干要素的基础之上的改编方式，而从问题情境性的角度进行分析，也存在"改变问题情境"的

改编方式。另外，若将上述改编方式进行相互交叉运用，可实现"综合改编"。

（三）数学问题改编的要求

改编数学问题是容易的，而要确保改编一个数学问题之后能够获得良好的效果则是比较困难的，这就要求我们必须重视改编的典型性、变化性、科学性等特性，因此必须重点考虑许多方面的内容与要求。

1. 改编源自典型

数学问题改编是以教学目标为中心的，其中承载着改编者的教学意图，所以在改编时应该重点表现主题内容，注重选材的典型特性。对于数学问题的改编，应以教学重点或者难点内容为主线，凸显教学中心任务，从而明确改编的必要性并确保改编问题的价值需求。除此之外，进行改编的原题通常应从数学课本的例题和习题中提取素材，毕竟课本例题和习题是经反复研究探讨之后的典型性问题，使用课本例题和习题作为原题也更符合知识体系的要求。

2. 改编切合学情

数学改编问题的最终用户就是教学的主体——学生，所以改编者在改编问题时，应时刻做到"心中有人"，并确保以学生学习情况、水平层次等为尺度来评价改编是否可行。因此，所改编的数学问题应该从内容、方法、难度、数量等方面足够与学情贴合。这样才能使学生真正理解与掌握新知识、新技能，提高解决实际问题的能力。另外，只可以根据教学需要进行改编，绝不可不加限制地改编。

3. 改编生于变化

数学问题具有某种"数量关系"或"空间形式"，但是值得注意的是，这两者都具有某种可变性。前文给出的六种问题改编方式都是建立在原问题条件系统与结论系统部分要素可变性基础之上的。对于教师来说，只需在原问题上捕捉可变因素加以转化，便能创设多种改编题。在问题系统中，"元素限定""构件模型""结构关联""考察对象""设问层次""呈现方式"仅仅是从问题的内容和结构角度出发的最基本的变量。

4. 改编当以推敲

值得注意的是，关于数学问题的改编，本身可以看作一个应当被认真考虑的过程。在改编过程中，要反复揣摩各种情境或存在的问题，确保思路严谨、内容科学。改编全过程中应注意琢磨以下六点：其一，内容需要严谨，不可偏离教学大纲，其中，所有的改编题都不应当与课标及课本要求存在偏移，一定不能够出现偏、怪、难的题目；其二，数据需要保持准确性，对于所有的改编题来说，其中出现的所有数据都需要确保是准确的，绝对不能够存在常识性与科学性的错误；其三，逻辑需要始终保持严密且周全，应当保证改编题中存在的逻辑关系全部都是正确的，若需要对其进行分类，应当保证不会出现重或漏的情况；其四，表达要简洁、易懂，对于改编题的描述应当能够切实贴合学生的知识储备情况；其五，相关情境应当保证是合情合理的，改编题中存在的各种情境信息都需要与现实情况契合，以确保不会违背正常情理规则；其六，相关解答应当保证对学生有利，切实贴合学生的学习内容，对于学生来说，相关改编题的设计应当保证在解答完成之后能够实现自身的知识丰富和能力的提升。

5. 改编贵在创新

改编问题与原本问题相比，要蕴含某些新意，具有一定的创新性，并且创新性也正是改编问题的魅力所在。改编问题的创新之处就在于"改编"，不仅要求形式新，还要求内容新，尤其是在解题方法上要有不同程度的丰富与创新。因此，改编问题与原本问题相比往往具有形式新、内容新、解法新等特点。其中，形式新包含了题目情境新颖、结构新颖，以及表达新颖等；内容新则主要表现为改编问题的条件系统与结论系统进行了更新与改变，其中包括元素限定、构件模型、结构关联等；解法新是由于内容改变在一定程度上促使解题的思路随之发生了改变。

四、有效教学视角下的高中数学试题设计

唐代诗人王昌龄在《诗格》中指出："诗有三境：一曰物境，二曰情境，三曰意境。"[①]物境获形，情境得情，意境取真，三境依次递进，物境是最低层，情境次之，意境为最高层。试题设计的创新策略也有三意：一为题意，二为立意，三为创意。题意主要是指题的含义，即"告诉学生什么"，包括题的内容、题的表述、题的背景、题的求解等；立意是题意的主旨，即"考

---

① 张伯伟. 全唐五代诗格汇考［M］. 南京：江苏古籍出版社，2002.

查学生什么",是试题的考查意图;创意是评价题的新颖性和创造性,即"你认为怎么样"。"三意"中,题意为表,立意为核,创意为魂,三者类别分明、层次清楚。有效教学视角下,高中数学试题的设计要着重考虑这三者。

有效教学强调教学的投入与产出,也强调教学目标的达成,而高中数学学习中,习题是非常关键的一部分,好的习题能让学生更好地掌握数学知识的运用方法,强化学生对数学知识的理解,也就是能让学生投入较少的时间与精力,得到更大的学习产出,从而更快、更好地达成学习目标。从这个角度分析,高中数学有效教学要重视习题设计。

在有效教学视角下,涉及数学试题的时候,最基本的要求是知识,最基本的意图是能力,最具魅力的要素是创新。在运用数学试题的时候,教师往往会设计出一些足够具备创新特性的问题,并借此考查了解学生对于数学问题的认识与理解、观察与探索,以及抽象与概括、表达能力与创新意识等,由此能够更好地推行并落实素质教育与创新教育。

（一）陈题模型改编化

有效教学视角下的高中数学试题设计并非要求完全性地原创,因为许多知识内容属于必要的,其问题的表述方式也较为常见。教师常常运用改编的技巧,对某些陈题或者数学模型加以改编,进而产生新的题目。这一改编化的方法有其创新之处。一般而言,改编使用的"原材料"多数是教科书中存在的例题、习题,教辅资料或网络资源等,除此之外,还可能是古今中外的一些著名的题目或者经典的数学模型。基于有效教学视角进行观测,我们发现陈题改编一般有改变背景、换逆命题或引入参数等方式;模型改编一般是改变背景、替换元素、调整结构、类比构造、特殊限定等方式。改编后的创新问题,往往能够表现出新的优势,焕发新的生机。

（二）探索发现情境化

有效教学提倡主动且大胆探索式的学习方法,而探究性发现型创新问题则是检验学生的探究意识与探究能力的一种重要形式。有效教学视野下高中数学试题设计需要教师注重把试题与实际结合,引领学生探究与发现相关问题。情境性本身可以算作发现型创新问题探究的显著特点,教师往往把发现型创新问题的探究活动放置于数学背景情境之中,促使所有的学生都能够在多种情境下进行活动。这些情境较为多样,在各类考题中均有存在的位置且数量众多，而其中也会出现链式情境。链式情境主要指的是以一种基本图形或者基本式子为基础，依据一定的规律不断发展与变化，最终表现为环环相扣、逐层渐变的问题情境。学生运用观察、联想、类比等手段，抓住其本质属性进行推测，获得归纳判断并在此基础上成功地进行证明。链式情境主要表现为链式图形与链式法则的形式。

（三）高等数学初等化

高等数学中的某些基本知识为创新问题的设计提供了广泛而又有深度的材料基础，教师在设计试题时有时也可在其中挑选部分内容。这类具有高数背景且有较强创新性却不超纲的试题被人们叫作高数背景型创新题。对于学生来说，在自主学习的过程当中，对新材料进行分析，灵活应用知识与方法，以创新的方式解决各种问题等，在一定程度上使得高等数学和初等数学实现高效且有效的连接，又融合了众多新课程改革的思想观念，可以较为准确地考查自学能力及应用水平。

教师设计高数背景型创新题的时候，能将一些高等数学问题变成学生能够理解、能够运用初等方法解决的数学问题，即所谓的"初等化"。简单来说，"初等化"通常会使得语言叙述趋于简洁化，且会促使深度知识逐步实现浅显化、复杂步骤呈现出梯度化，以及抽象内容逐步形象化等。学生从某些以高等数学为背景的阅读材料里撷取解题的各类信息，对现有材料做到充分运用，用分析、演算、归纳、猜想等手段求解某些新问题。此类考题涉及高等数学知识背景的类型有数分类、解几类、近代类、泛函类等。

（四）实际生活数学化

数学源于生活，也还原于生活。有效教学视角下的高中数学试题设计要求教师在生活中撷取一些完美符合高中数学使用需要的生活素材，以确保生活中存在的部分问题能够实现数学化处理，除此之外，也可以将高中数学所要考查的问题作为生活背景，并以此场景为基础，促使学生能够熟练利用数学思维对实际生活中存在的问题加以解决，由此就能够在一定程度上有效增强其解决问题的意识与实践能力，彰显"数学在生活中是存在的"这一思想。

（五）知识交汇纵横化

有效教学视角下的高中数学试题设计应从学科整体高度、思维价值角度去思考问题，设计好知识网络交汇点上的试题，从而把数学基础知识考查到必要的程度。所以，一些创新问题自然会在数学知识纵横向网络交汇处进行设计以考查学生综合运用知识的能力。这类"嫁接式"问题被称作知识交汇型的创新性问题。知识交汇型的创新问题在不同视角下会表现为不同的类型。

基于试题组成形态进行观测，我们发现知识交汇型的创新问题分为两种形态，一种是显性交汇问题，另外一种是隐性交汇问题。显性交汇问题是从题面上就能够明显发现知识交汇的情况存在；隐性交汇问题并不能从题面上发现知识交汇的情况，之后，当问题被进一步诠释的时候，表现出需要借助其他板块知识的协同合作来达到解决问题的目的。

就考查知识交汇形式而言，知识交汇型的创新问题被划分为两种类型，一种是横向交汇问题，另一种是纵向交汇问题。横向交汇是将一个知识模块作为主体与其他的知识模块进行横向连接，其跨度很大，可以说是"大交汇"。它还包括以下两种情况：一种是知识模块之间的交汇，以函数、圆锥曲线、立体几何等知识模块中的某一个作为主线的交汇型问题，这类问题非常多，且交汇形式繁多，表现出较为明显的创新性。另一种是学科知识之间的交汇，如数学、物理、化学等学科实现交汇。纵向交汇是反映知识点在相同模块知识之间交错演进的一种表现形式。在一定程度上讲，它是同一知识模块之间横向交汇的结果，其跨度很小，可以被称作"小交汇"。

（六）自主定义泛迁化

自主定义型创新问题就是依据一定的数学关系对部分信息进行再定义，并让学生依据所定义信息进行问题的求解。在一定意义上可以称之为数学知识的交叉和渗透。这些信息往往包含新概念、新运算、新性质与新规则等，由于其"超常规"思维意识与"异教材"知识形态，因而表现出较为明显的创新性与自主性，但是此类问题所考查的知识与能力水平并未超出大纲要求与高中生一般认知能力。

设计此类问题时赖以建立的数学关系或者数学模型通常有一个"原型"，这个"原型"在学生已学过的中小学数学知识或者未学过的大学数学知识当中。这些"原型"既可直接使用，也可经过泛化、衍生、迁移等方式界定新

的信息，从而进行问题的设计。

（七）操作实验模拟化

所谓操作实验型创新问题，就是对某一物体或图形进行折叠、剪拼、拆合等动态变换，从而获得新物体或新图形，进而研究它们的几何性质或者数量关系的一类操作型试题。此类问题大致可以分为观察型、验证型和探索型，具有情境性、开放性、探究性和灵活性等特点。完成这类题目受条件所限，并不是真的亲自动手，而是模拟一个操作实验，与此相对应，设计者在设计方式上也是模拟化，类型包括折叠型、剪拼型、拆合型等。

（八）认知评价开放化

认知评价型创新问题是指需要学生运用已学知识去判别对数学概念、规律和模型的理解是否正确，并评价数学问题推理过程是否合理，或者根据课题要求，通过罗列、猜测和设计等方式，得到正确的感知和理解的一类题目。此类问题最突出的特征就是开放性，所以在此类问题的设计上应该始终坚持开放化策略。

（九）文化背景融合化

在数学中，经常会有关于数学文化的创新型题目。通常是把隐含着浓郁的文化气息的素材与数学知识、原理、方法等进行有机结合，凸显出对于数学思想方法的考查，并且十分重视数学所具备的文化价值。

上面所讨论的数学试题创新设计策略只是设计策略中的一个组成部分，而且这些策略是可交融的。简单来说，试题设计本身常常是各种策略共同发挥作用之后的产物，它是设计者的知识、能力与智慧中一切精华的结合体。正因如此，优秀的创新试题才是具有丰富内涵和魅力的艺术作品。

第二节　有效教学视角下的高中数学
教学反思与教师成长

一、有效教学视角下的教学反思

从有效教学的基本理念来看，真正的"有效教师"是重视教学成效的教师，而重视教学成效的教师往往是善于进行教学反思的教师。只有对教学进行不断的反思，教师的教学行为和教学理念才能得以不断改进和更新，有效教学才能真正凸显"有效"。

（一）教学反思的基本认识

"反思"一词在教育领域出现的次数非常多。学界关于反思的研究涵盖了反思的内涵、形式、特征、价值等诸多方面，往往把反思与"实践""行为""意识"相联系。伴随而来的"反思型的教师""反思性实践"等概念，已然发展成为教育教学研究中的热点问题。值得注意的是，对教学反思理论的研究已经发展到一定程度，实践应用也相当广泛，但是在诸多研究中，对于教学反思内涵的认识与具体操作并不一致。

现阶段，关于教学反思的内涵存在着三种看法：第一种看法认为教学反思就是分析教学技能，深入思考教学活动自身的技巧，这种思考使教师能自觉、审慎而又频繁地把研究成果与教育理论加以结合，运用到教学实践当中，这里的"应用"就其性质而言是技术性的乃至机械性的运用，在这种看法下，教师反思旨在引导和控制教学实践，并且以一种积极的心态相信教师能积极影响教学实践；第二种看法主张教学反思就是要深刻反思种种争议性的"优秀的教学观"，据此做出抉择，简单来说，就是需要对教育观念与教育背景进行深刻的思考，若是教师能够始终秉持这种观点，就能够深入了解教育事件的发生背景，且进一步明晰相应行为的对应后果；第三种看法将教学反思视为教学经验再建构，这种视角中的反思就是教师认识、评价教学实践的手段，借此重新组织与建构经验[①]。

由上述三个不同看法可见，在对教学反思理解不同时，其思维意识与行为方式也是不一样的。但无论是何种认识，教学反思都具有对象层面的针对性、内容层面的多维性、方式层面的灵活性。同时，由于教学反思涉及教师个体、学校组织等多方面因素的影响，因此教学反思的结果也具有复杂性特征。所以说教学反思是一个要素多元、内容宽泛、途径灵活、过程开放的繁杂过程。这也是对于教学反思内涵的认识与操作方式众说纷纭的缘由。教师若站在教学反思提升自己学科教学认知能力这一立场上，也许可以为教学反

---

① 高慎英，刘良华. 有效教学论［M］. 广州：广东教育出版社，2004.

思寻找到更加理性的模式或者途径。

（二）教学反思表的构建

1. 学科教学认知理论介绍

对于教师而言，教学知识是极为重要的，尤其是涉及教学活动的知识，它是教师专业发展的重要组成部分。20 世纪 80 年代，舒尔曼（Shulman）正式提出了学科教学知识（pedagogical content knowledge，PCK）的概念，之后有大量的学者对包括该概念在内的教学知识的内涵、结构、特点等一系列问题进行了深入研究。在研究教学知识的过程中，学科教学知识是备受关注的核心议题。它是指教师将所教的学科内容与教育学原理有机融合而形成的，对具体课题、问题或论点采用合适的方法进行组织、表达和调整以适应学习者的不同兴趣和能力的理解与知识[①]。舒尔曼认为学科教学知识是一种"缺失的范式（missing paradigm）"[②]。迄今为止，我们对于教育的认识主要经历了四个阶段：学科内容知识（C）→学科知识＋教育知识（C＋P）→学科教学知识（PCK）→学科教学认知（PCKg）。现阶段，人们对学科教学知识的研究仍在不断深入，人们对学科教学的理解和认识主要基于科克伦、德鲁特和金等人提出的学科教学认知理论，该理论是基于建构主义理论对 PCK 的修正与补充，可通过科克伦等人建立的学科教学认知发展模型进行解释，如图 5-2-1 所示。

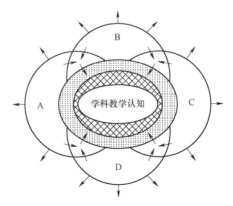

图 5-2-1　科克伦等建立的学科教学认知发展模型

① 冯茁，曲铁华. 从 PCK 到 PCKg：教师专业发展的新转向 [J]. 外国教育研究，2006（12）：58-63
② 潘超. 数学有效教学的理论与实践 [M]. 成都：四川大学出版社，2016.

科克伦模型涵盖了四个基本要素，分别是学科内容知识（A）、教学法知识（B）、关于学生的知识（C）和教育情境知识（D），而图中的四个圆和外围箭头则代表了个体对这些要素的理解过程。随着四种知识的不断融合和拓展，个体学科教学认知水平得到了不断提升。PCKg的"四成分"在理论上被描述为一种相互关联、相互融合的复合体，其重叠部分旨在说明其构成的复杂性。这四种元素的融合过程涉及个体认知观念的转变，最终形成学科教学认知的过程。

2. 学科教学认知视野下的教学反思表的构建

教学反思是教师专业成长过程中的根本，也是教师不断提高自身学科教学知识水平的源头。下面我们将在学科教学认知视野下讨论如何开展教学反思，科克伦模型对如何建构教学反思模式有很强的借鉴作用。

（1）教学反思表构建基础

随着学科教学知识（PCK）概念的提出和学科教学认知（PCKg）理论被越来越多的人认同，教师教育开始更为重视教学的有效性和高效性，学者们的研究重点也转变为实践问题。现阶段，我国教师教育领域对学科教学知识的研究尚未建立起系统化、全面化的框架，对学科教学认知的深入探究仍有待加强。基于学科教学知识的角度进行观察，我们能够发现，教师专业成长的关键在于如何培养他们对学科教学的认知，而教师专业成长的过程则是通过不断完善学科教学知识和提高学科教学认知水平来实现的。所以说，在当前我国教师专业发展的范式中，应当强调教师的学科教学认知必须在教学经验和反思中得到有效构建，以实现从"技术型"向"反思型"的转变。

（2）教学反思表的内容

根据科克伦模型，教师的学科教学认知由学科内容知识（A）、教学法知识（B）、关于学生的知识（C）、教育情境知识（D）四个基本成分构成，这些成分在教学反思和整合的作用下被整合为教师的学科教学知识。所以，在学科教学的认知视角影响之下，对一堂课进行教学反思的基本向度由学科内容、教学法、学生相关以及教育情境四个方面组成，并以此为基础最终构建了教师的"教学反思表"，具体内容如表5-2-1所示。

表 5-2-1 教师教学反思表

环节	维度	问题链
第一，弄清现状	层面一，学科内容	教学内容是否符合学科内容要求？教学的内容是否融会或超越了教材安排？讲解知识是否有错误？逻辑顺序是否恰当？
	层面二，教学法	教师角色把握得怎么样？教学方法和教学手段是否恰当？是否突出了教学重点？是否突破了教学难点？是否把握住了关键？教学环节是否合理？教学过程是否流畅？教学氛围是否有利于教学？你的教学基本功（语言、教态、板书等）是否有利于学生学习？
	层面三，学生相关	学生学习状态（参与状态、交流状态、思维状态、情绪状态等）怎么样？学生接受能力如何？学生学得怎么样？教学目标（知识、能力、情意）落实得如何？
	层面四，教育情境	教学预设性与生成性过程是否符合当前教育价值观？是否符合正确的政治取向？是否符合当前社会、文化背景？
	综合：以上层面整体上是否协调、合理？成功的细节是什么？不足的细节是什么？	
第二，分析缘由	渠道一，课堂	你的教学行为与课堂教学原理的吻合度怎么样？是否违背了教学的基本规律？
	渠道二，学生	你的教学是否遵从了学生的认知发展规律，符合学生当前认知水平？学生的哪些因素使得教学体现了高效教学或是低效教学，或是不能顺利达成目标？
	渠道三，教师	你的成功主要归功于什么因素？你的不足主要由什么因素引起？
	综合：从以上三个渠道分析教学成功与不足的主要因素、关联因素，用唯物辩证法原理指导原因分析，并试用教育教学理论给予说明。为什么做得好？成功的因素有哪些？为什么做不好？不足的因素有哪些？	
第三，拟订方案	步骤一，梳理思路	可否用语言或文字描述成功或不足的地方，写出心得或教训？对于不足之处，回想是否有解决类似问题的经验？对于不清楚的地方，可否查阅相关资料或向行家咨询？
	步骤二，拟订方案	结合梳理情况拟订方案，可否用有条理的文字或图表提出一些对教学有利的措施？
	综合：对于做得好的地方，你该怎样继续做，可否做得更好？对于做得不好的地方，你该如何改进？	
第四，回顾总结		回顾以上过程，你是否遗漏了某些重要内容或过程？你可否对以上过程给予一个概括？你可否为整个过程或概括的内容取一个标题？你可否对相关材料进行整理、保存？

二、有效教学视角下的教师成长

有效教学实施的落脚点在教师和学生。教师的专业发展意识很大程度上影响有效教学的实践状况。有效教学之效最终体现在两方面：一方面体现在学生的发展上，另一方面体现在教师的专业成长上。学生的良好发展反映教师的工作成效，教师的专业成长影响学生的学习成效。下面对有效教学视角下的教师成长略做讨论。

　　教师专业化是当今教师教育在未来发展中的唯一方向，也是保障与提高中国教师队伍整体素质，落实科教兴国战略所采取的一项重要措施。近年来，国内外众多学者对教师专业化开展了深入研究，其中包含教师专业化的概念界定、特征、反思等，就像"火山爆发，喷薄而成热中之'显学'"[①]，除此之外，在相关研究中也诞生了很多具有开创性的成果。从教师专业成长模式与方式来看，存在着"理智取向""实践—反思取向""生态取向"三大方面的取向。"理智取向"主要指的是教师经过正规培训之后，掌握"学科知识"与"教育知识"，进而达到专业成长的目的；"实践—反思取向"是指教师在"实践"的磨砺中，不断进行深入的"反思"，进而有效促进自身的专业成长；所谓"生态取向"，就是要提倡建设和谐的教学文化与教师文化，以教师之间的团结协作来获得专业成长。很多时候，人们会使用"理智取向"与"实践—反思取向"对教师专业化途径进行深入的研究，在不断探索研究之后，终于获得了一定的成效，正式提出了"校本教研""教育叙事""案例研究"等具有较高实践价值的实施途径与模式，并以此为基础，进行了多种新课程专题培训，以及各级骨干教师培训，也因此获得了部分理想的效果。然而，现阶段我国教师专业化进程却面临着诸多困难，例如教师专业化进程当中面临的目的困境、知识困境、制度困境等，甚至在实践的过程中，还存在着"工程化"驱动"专业化"和"消闲化"驱动"专业化"等现象，从而促使整个教育界重新审视教师专业化成长的影响因素。其中，影响教师专业成长的客观因素包括制度、管理、评价等，主观因素包括信念、利益、责任等。对于教师个体而言，客观因素一般不容易控制，主观因素一般可以控制，教师专业成长经过自己的努力就有了实现的可能性与必然性。

　　这些主观因素在一定程度上促进了教师发展的内驱力的产生，在教师专业成长过程中有着举足轻重的地位。以下主要从教师个人的视角来讨论教师专业成长以及发展的模型。

（一）教师专业自我成长概述

1. 教师专业自我成长的含义

　　"教师的专业成长"这个概念通常有"促进教师专业的成长"和"教师

---

① 吴永军. 我国教师专业化研究：成绩、局限、展望［J］. 课程. 教材. 教法，2007（10）：64-70.

的专业成长"两个基本认识。二者一个是行业的发展，另一个是人的发展，既有紧密联系，又有鲜明区别。从本质上讲，这两类不同性质的术语都可以表述教师在一定历史条件下对自身教育活动及其规律的认识和把握过程。前者是指教师这一职业的专业成长历程，是教师专业化；后者则主要指人从一个普通教师逐步发展为专业教师的转变过程，即教师专业成长或者这一行业内在专业结构的更新、演变与充实。此外，"教师的专业成长"也存在外驱型与内驱型这两种生长的基本形态。这两个概念从不同角度、不同层面对教师的工作进行了界定。外驱型专业成长是指教师在教育实践过程中，受外部客观因素影响或体验职业需通过对其职业行为进行尝试、总结和矫正来获得发展的一种途径，如组织安排、专家指导和学生需求等外部因素推动教师成长属于外驱型专业成长模式；内驱型专业成长是指教师的专业成长更多关注的是主观因素，通过主观因素不间断地产生内驱力而形成的一种专业成长方式，可以说是一种"教师专业自我成长"。简单来说，在现实生活当中，任何教师，其专业成长历程很难被直接认定为外驱型和内驱型这两种形式，所有的教师所必须经历的专业成长本身就包含了外驱型和内驱型两种方式。但是，在进行各方面的对比之后，内驱型成长方式在效能方面更高，更能深刻而持久地推动教师的专业成长。所以，在此我们主要探讨内驱型的成长方式——教师专业自我成长。

教师专业自我成长可具体定义如下：教师专业自我成长是教师在自主意识的带动下，对自身所从事的教师专业产生了极强的专业信念，在此专业信念中通过专业评估、专业规划、专业贯彻和专业提升等各种行为意识有效推动自己由非专业人员向专业人员逐渐发展的过程。通俗地讲，教师专业自我成长就是教师以自主意识为基础，以专业信念为核心的专业成长过程。其中，"专业信念"是指要在了解本专业目标、性质及内容的基础上，表现出积极而诚恳的说服力，秉持坚决贯彻执行的理念。"专业信念"是对教师专业成长主观因素的全面反映，积极引导并推动着教师专业自我成长。

2. 教师专业自我成长的特点

教师专业自我成长具有如下特征：第一点，主体性，主要是指教师专业成长过程中对自己主观能动性的重视。第二点，自觉性，是指教师在教育实践过程中对自我发展有极为深刻的认识，能够按照自我规划内容积极主动地实施，并且针对不断变化的形势进行自动调整，突出表现目标达成度。很多时候，教师能够实现自觉学习、自觉反思等，重点表现出了较强的"自我塑造"而不是"被塑造"的特征。第三点，有序性，主要是指教师专业成长过程中所表现出的阶段性，毕竟教师专业自我成长更多的是从在职初期到成熟期逐步发展的过程。教师具有自我实现和超越的能力，能够对自己进行不断的修正与完善。值得关注的一点是，不少教师由于得不到应有的足够支持，在任职之初并不顺利，甚至会出现教学厌倦感，进而失去专业发展信心与欲望。在这期间，由于缺乏正确的职业态度与价值取向，教师往往不能及时调整自己的心态，导致心理上出现偏差，影响了继续学习和工作能力的提高。这一情况对于教师专业自我成长极为不利，所以处于这一阶段的教师必须明白，在职初期是教师成长必须经历的，如果能够始终坚守专业信念，一定能够平稳度过并逐步成长。第四点，差异性，简单来说，也就是个性。教师专业自我成长的过程也是人的成长的一种表现，因此教师专业自我成长的路径与成长状况会因为个体的差异而存在一定的差别。另外，教师的专业自我成长还具有动态性和情境性等特征，于此不再赘述。

3. 教师专业自我成长的要素

教师专业自我成长十分重视"自我意识""专业信念"，并且它们较为明显且突出地表现在教师的教学、学习与研究过程当中，而教师的教学、学习与研究过程也会在一定程度上对教师的"自我意识""专业信念"产生影响，进而给教师专业自我成长带来变化。总的来说，教学、学习与研究也常常被人们简称为"教""学""研"，它们是教师专业自我成长中的三个十分重要的元素，在一定程度上支撑并引导着教师专业自我成长。另外，教师专业自我成长的相关状况在很大程度上依赖于教师在教学、学习与研究中的发展与整合。

（1）教学

教学是问题之源、实践之基，也是学习与研究的出发点和终点。对于教师来说，教学是自己应当完成的根本任务，若教不好，就不可能受到学生的爱戴，其教职生涯势必不理想。此外，教师的实践性知识为其专业发展提供了极为关键的知识基础，而教师想要实现自我成长，就必须将教学视为一种重要的成长情境，在此情境下运用教学理论、验证教学理论和发展教学理论，以不断磨炼自身教学技艺。教师在教学过程中应确立如下八种教学观以实现教学中的自我成长：其一，确立教师职业观，强调发展的专业性；其二，确立师本价值观，唤起自身成长的自励性；其三，构建鲜活的生态观，进而有效增强课堂的灵动性；其四，建立教学系统的观点，增进教学协调性；其五，建立科学的效率观，注重教学的高效性；其六，建立教学质量观，保证工作的实效性；其七，建立课堂智慧观，进而增强教学的层次性；其八，建立个性魅力观，充分展示教学的艺术性。

（2）学习

教师专业成长需要通过学习不断获取养料，并且值得关注的是，学习本身也是人类生命中不断迈向成功的方式。"学生对教师的更高期待来自教师通过学习，能够切实促进学生的学习"[1]，而以上种种会依据教师职业性质得到确定，对于教师来说，只有不断学习才不会落伍，才会培养出符合时代要求，对时代发展有较大作用的学生，才会真正自信地实现现代化，面向世界，走向未来。

教师专业自我成长应研究的问题是学习教师专业化知识。关于教师专业化知识，林崇德等认为包括"本体性知识""实践性知识""条件性知识"[2]；傅道春认为包括"文化科学知识""专业学科知识""教育和心理学知识""教育情境知识"[3]；舒尔曼认为包括"学科内容知识""一般教学法知识""课程知识""学科教学知识""关于学生及其特性的知识""教育情境知识""教育目标与价值的知识"七类知识[4]。另外，在教师专业化相关知识的研究方面，很多专家学者前赴后继，最终得到了一些成果。这些研究成果表明，教师的实践性知识在其专业成长中有着举足轻重的地位。实践性知识是教师在教育教学实践过程中所形成、运用并表现出来的知识，简单地说，实践性知识就是引导教师怎样开展教学的知识，其本身是教师专业发展最重要的知识基础，对教师工作起着无可取代的作用，一些学者甚至把实践性知识视为教师专业最重要和最基本的立足点，放弃实践性知识就会面临教师专业被替代的风险[5]。

---

① 海伦·蒂姆勃雷. 促进教师专业学习与发展的十条原则 [J]. 教育研究，2009（8）：55-62.

② 林崇德，申继亮，辛涛. 教师素质的构成及其培养途径 [J]. 中国教育学刊，1996（6）：16-22.

③ 傅道春. 教师的成长与发展 [M]. 北京：教育科学出版社，2001.

④ 罗文浪，戴贞明，邹荣，等. 现代教育技术 [M]. 北京：北京理工大学出版社，2015.

⑤ 吴永军. 我国教师专业化研究：成绩、局限、展望 [J]. 课程. 教材. 教法，2007，27（10）：64-70.

新时代背景下，教师专业自我成长该如何学习？任勇老师以其自身的行动总结的"为师十学"对此做了很好的诠释，即为师"我要学"、为师"用心学"、为师"合作学"、为师"虚心学"、为师"探究学"、为师"拓展学"、为师"致用学"、为师"灵活学"、为师"思辨学"、为师"网络学"。

（3）研究

学问之道的精髓就在"琢磨"这两个字上面。《诗经·卫风·淇奥》有云："如切如磋，如琢如磨。"[①]古代对骨进行加工所使用的方法被称为"切"，而对象牙进行加工所使用的方法被称作"磋"，对玉进行加工所使用的方法被称为"琢"，对石进行加工所使用的方法被叫作"磨"，在之后的时代发展当中，这四个字的意思逐渐增加，引申为学问中的学习、研究与讨论。《礼记·大学》中说："如切如磋者，道学也；如琢如磨者，自修也。"[②]以此对学习中应具备的细致入微的精神进行形象化、深刻化的比喻。无论是做学问还是教学都是这样的道理，更何况教学本身也极为复杂。因此，教师只有不断地进行深入研究，才能使自己成为一名优秀的教师。研究是教师自主发展的开拓工具，可以使教师在深入反思当中，不断突破原有束缚，使教师职业能够获得更为广阔的发展。从许多教育家、特级教师的成长过程中，我们可以看到研究的重要程度，而这也正是现阶段许多教师在教学研究上下功夫的原因。那么研究什么呢？研究人类认识的规律、学生认识的规律，以及所教学科的教学规律。

对于教师来说，如何在专业自我成长的过程当中开展研究是一个重要的问题，一般而言，在面对教学类的问题研究的时候，可以采用"三部曲"的策略：一是问题解决，即将某个小问题或者现象进行理论与实践相结合的"双例"研究；二是专题探索，即把某类问题或者带有某种特点的一系列问题以一个主题组合起来，与理论、实践相结合，对该主题加以分析与概括，从而得到具有一定理论价值与应用价值的总结材料；三是课题研究，是指按课题研究程序对"个人课题"或者"规划课题"进行系统的研究，最终得到研究报告。以上三种类型的研究本身并没有严密的顺序，所构成的最终结果还可包括课例、案例、论文和著作等。从实践走向理论，又从理论返回实践，从

---

① 崔钟雷. 诗经［M］. 哈尔滨：哈尔滨出版社，2010.

② 张凤娟. 大学·中庸·礼记［M］. 呼和浩特：内蒙古人民出版社，2007.

而在"琢磨"中不断发展。

（二）教师专业自我成长的发展模型

一些教师通过长年累月的教学，总结了不少教学经验，但是在研究与学习中却止步不前，在新课改提出的各种新要求面前，传统形式的实践行为直接表明了这些人难以适应现阶段的要求；有些教师喜欢学习新知识，基础知识广，专业知识深，可是一到教室开始教学，就驾驭不了，力不从心；除此之外，也有一些教师勤奋钻研，发表了数量庞大的论文和著作，而且其中提出的很多观点十分有代表性，但是令人遗憾的是，其教学效果并不理想，只能够获得一般的评价，凡此种种，很难起到"以研促教"和培养学生获得良好成就的效果。

由此我们能够明白一点，单一层面的发展能够让教师拥有职业某一方面的专长，却未必能够让他们成为专业化教师。教师专业自我成长的根本是必须从包含足够理论性教学知识与实践性教学知识的"教学研"土壤里充分吸收营养，实现专业自我成长这一较高的目标，简单来说，要想成为专家型专业教师，必须将"教学""学习""研究"融为一体。在此可把"教学""学习""研究"三者合起来，简称为"教学研"，并以汉语拼音首字母记为"JXY"，可采用结构图反映教师专业自我成长发展的模型，如图 5-2-2 所示。

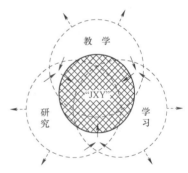

图 5-2-2　教师专业自我成长"JXY"发展模型

教师专业自我成长的"JXY"发展模型体现出十分明显的三个层级关系，第一层级为三个基本发展圈，分别是教学圈、学习圈和研究圈。这些发展圈代表教师发展的某些领域，其中有箭头指向外界，旨在说明该领域并不封闭，是不断演变的。在教学、学习和研究三个领域之间，存在着一个相互交错的区域，它就是第二层级。教师在专业自我成长的过程中，始终处于能够相互交织，并在一定程度上进行结合的双重圈当中，并不会被禁锢在某一个圈当中，其中"教""学""研"三者会互相影响。在第三层级中，三个圈一同指向中心圈，这个中心圈就是"教学研"（JXY），这个圈表示"教""学""研"充分融合的境界。

在"JXY"发展模型中，教师专业自我成长被划分为三个层级，每个层级对应着三种不同的教师发展类型，其中第一种类型是指在第一层级上发展的单一类型教师。当教师在各自的领域内成长时，他们会逐渐发展成为具有独特特征的单一型教师，包括但不限于教学型、学习型和研究型教师，这些类型的教师在某些方面表现出各自的专长，而在另一些方面的专业度并不高。第二种类型的教师是在第二个层级上发展而来的，他们是双栖型教师或复合型教师。这里的"双栖"指的是双渠道成长而成，相较于单一领域内的成长，这种教师在专业理论和实践方面都表现得更为出色，能够应对大多数专业问题。第三种类型的教师就是在第三个层级上发展而来的，或为专业型教师，或为专家型教师。若教师能够在三个领域中获得显著的成长，那么他们就会逐渐成为专业或专家级别的教师。这一类型的教师拥有深厚的专业学科知识，丰富的教学实践经验，并且能够有效培养学生养成良好的道德品质，充分激发学生的学习积极性并获得良好的教学效果。他们拥有一套属于自己的成熟的教学理论，在教育界具有较大的影响力或被人们尊称为教育家。"JXY"发展模型在一定程度上揭示了教师专业自我成长的三大要素之间的紧密联系，值得关注的是，它揭示了教师专业成长的类型和层级关系。

（三）教师专业自我成长的启示与反思

在教师专业成长的过程中，教学、学习和研究三个方面都扮演着不可或缺的角色。教师的教育教学能力和科研水平直接影响学生的学习兴趣、学习效果及学校的发展。作为一位杰出的教育工作者，必须在三个方面同时追求卓越、精深和创新，绝不能偏袒任何一方。由于"教""学""研"三者构成了一个既完整又协调的整体，并且它们在过程中表现出既有相对独立的部分，也有相互融合的部分的特征，因此只有将这三个方面完美融合，方能达到最佳效果，否则将导致教学效果不佳、学习难度大、研究难度大等问题的出现。《学记》中有记载："学然后知不足，教然后知困。知不足，然后能自反也；知困，然后能自强也。故曰：教学相长也。"①考虑到教师职业特质和教师专业自我成长的模式，我们可以得出与之相仿的结论，有"学然后知不足，教然后知困，研然后知理。知不足，然后能自反也；知困，然后能自强

---

① 张凤娟. 大学·中庸·礼记 [M]. 呼和浩特：内蒙古人民出版社，2007.

也；知理，然后能自信也。故曰：教学研并进而相长也。"教师应当以"教""学""研"三者相辅相成、相互促进的方式，持之以恒地进行教学和研究，以达到勤教、博学、深研的目的。

值得注意的是，存在于教育实践中的教师专业自我成长本身并不是一个简单的过程，其具体的发展模型在构建上也存在很大的难度，而"JXY"发展模型则是基于教师自我成长的三个主要途径而构建的简化模型，其在理论上经过了一定程度的论证与推演。伴随着教师自我成长途径得到了一定程度的拓展，构建的成长模型也呈现出了较为相似的结构。

第三节　有效教学视角下的高中数学教学策略

一、引导学生思考策略

高效的数学课堂应充满智慧，智慧的数学课堂应表现出学生"积极思考"的状态。学生"积极思考"的状态是衡量高效课堂的一个重要指标。《义务教育数学课程标准（2011年版）》指出："积极思考"是学习数学的重要方式之一①。"积极思考"作为内隐的心理活动，是指学生围绕问题的解决过程主动地开展思维活动的过程，属于元认知体验范畴；而作为外显的行为表现，又是一种主动参与的学习方式和学习状态。它是促进课堂有效教学行为发生的着力点，对推动教学进程发挥动力作用。因此，数学教师在教学中要善于引导学生积极思考。教师如何才能引导学生积极思考呢？关键在于要在教学过程中利用好引起学生积极思考的"触发点"。这里所谓的"触发点"，是指引发、触动思考的"开关"或"契机"，也是开启和维持思维活动的动力机制。从课堂教学进程来看，"触发点"的产生有多个不同的来源，并在各个教学环节中发挥着关键作用，如图5-3-1所示。六个"触发点"形成的结构是课堂教学系统的一个层面，也是一个开放的子系统。又因为数学教学过程实质上是数学问题解决的认知过程，所以积极思考的过程始终附着于问题的解决过程，则"触发点"形成的逻辑线索暗合于教学过程中的问题线。教师

---

① 中华人民共和国教育部. 义务教育数学课程标准（2011年版）[M]. 北京：北京师范大学出版社，2012.

若能把握好引起学生积极思考的"触发点"，就能在有限的时空里开展无限的思维活动，并以此扩充数学课堂的知识广度、思想深度和智慧厚度，从而实现高效教学。

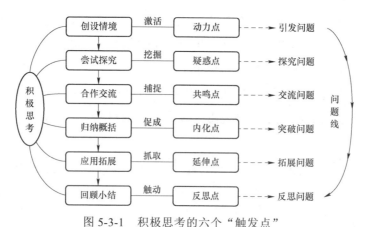

图 5-3-1 积极思考的六个"触发点"

（一）创设情境中激活"动力点"

情境认知理论认为，任何数学知识都是与情境相关的，也就是说，要将数学知识的教与学置于一个情境脉络之中，这是知识本性所决定的。因此，学生的积极思考应根植于一定的情境土壤，思考的动力来源与情境土壤的营养成分密切相关。有价值的教学情境应该是在生动的情境中蕴含着一些有思考力度的数学问题，即能让学生"触景生思"，这是评价数学情境是否有效的核心要素。但是，有价值、有营养的教学情境未必能引发学生积极思考的动力。如果教师善于创设突出生活性、新奇性、趣味性或挑战性等特点的教学情境，这种情境就会激活学生思考的"动力点"，对问题产生思考的动力，思维与情境就容易达成无缝衔接。

（二）尝试探究中挖掘"疑惑点"

数学探究是指学生围绕某个数学问题，自主探究、学习的过程。这个过程包括观察分析数学事实，提出有意义的数学问题，猜测、探求适当的数学结论和规律，给出解释或证明。整个过程就是学生积极思考的活动载体，学生积极思考的目标指向就是自主突破问题疑难，使问题得以解决。在这个过程中，学生产生疑惑的心理是很正常的现象，并且会伴生释疑解难的心理倾向。在这种心理倾向下，学生往往会围绕问题，通过积极思考尝试经历从未知到已知、从困惑到明朗、从不会到学会的认知体验过程。在对问题的尝试探究中，疑惑的心理现象主要发生在数学知识发生发展的生长点和衔接点、数学思想方法的转折点、数学思维的症结点等处。对于这些生长点、衔接点、转折点和症结点处所发生的疑惑点，教师不仅不能忽视，相反要将其挖掘并暴露出来，以此有效激发学生的问题意识和求知欲，形成积极思考的内在动力。

（三）合作交流中捕捉"共鸣点"

课堂中的合作交流突破了个体为中心的学习界域，是对话教学的体现形式之一。这是一项以对话为核心的教学活动，旨在通过对话主体基于自身的理解，运用语言与文字作为媒介，以沟通为手段，以意义的生成为实践目标，有效推动主体获得更广阔的视界融合。合作交流展现的是民主、平等的师生关系，营造的是无拘无束的内心敞亮和积极主动的互动交往氛围。在和谐的师生关系和积极主动的互动交往氛围中，能有效激活和呵护学生积极思考的意识。

（四）归纳概括中促成"内化点"

在心理学上，人们将已有的认知结构称为认知内化点。在数学学习过程中，学生运用内化点中存在的概念、定理、公式等旧知识通过思维活动去固化与之有联系的新知识，并相互作用的过程就是知识的内化过程。通过内化，学生不仅可以深入了解新知识，也可以将新知识与原有的认知结构相融，最终形成全新的认知结构。学生对所学知识的内化过程实则是一个错综复杂的过程，需要不断地进行自我反思和调整，最终实现对知识的全面理解。而要达到这一点，教师或学生要将材料（如例题、习题等）蕴涵的离散信息进行归纳概括，变成已掌握知识相关联的有序内化点。

（五）应用拓展中抓取"延伸点"

当学生对所学知识达到一定的理解程度时，教师要适时引导学生进行横向延拓或纵向探索，即对新学知识在横向上与已学知识建立广泛联系，在纵向上加强思维的量度和深度，使得他们对新知的理解更为透彻，便于在头脑中形成新的认知网络结构。在数学课堂中，引导学生对新知进行横向延拓或纵向探索往往在应用拓展环节，并且是有梯度地逐步推进。在这一环节中蕴含着学生积极思考的"触发点"。而触发学生积极思考的方式经常是采用变式延伸，即将某一个可变式的问题，围绕新学知识进行衍变，延伸出多个新问题，以此巩固或提升对知识的认知，这种可变式的问题通常被称为"延伸点"。教师要善于抓取"延伸点"，拓展出新问题来激发学生积极思考。

（六）回顾小结中触动"反思点"

美国实用主义哲学家、教育家、心理学家杜威认为：反思是思维的一种形式，是个体在头脑中对问题进行反复、严肃、执着的沉思。这种沉思是一个能动的、审慎的认知加工过程。所以反思可以看作一种高级认知活动，是一种特殊的问题解决[①]。加拿大学者范梅南认为，在通常意义上，反思是思考的另一种表达形式，反思就是思考[②]。在数学课堂小结中，引导学生进行回顾性反思，运用主动而审慎的认知加工过程，有助于更深层次地理解知识、方法等学习内容，并将其升华，从而推动学习进程达到顶峰。为了确保反思的有序性、有效性，教师需要以问题为主线，唤起学生的"反思点"，从而引导他们积极思考。

事实上，数学课堂教学进程中能引起学生积极思考的"触发点"远不止上面列出的六个，并且不同教师引导的方式各有不同。要引导学生积极思考，最重要的是教师要随时关注学生，灵活地调控课堂，不拘泥于程式化教学，以积极思考的意识营造积极思考的氛围，以积极思考的方式拓展智慧灵动的生态空间。

二、引导学生解题策略

解题，可以形象地比喻成一段思维的精神之旅。这段旅程包括目标、路线、时机、方式等。不同的路线会让人感受到不同的"风情"，不同的方式会让人领略到不同的"风景"。当处在一个个不同问题的"站点"时，你总是试图确定正确的"路标"，选择合理的解题"路径"，以便欣赏到最佳的"风貌"。在面对一道数学问题时，你如何设计或开展你的解题之旅呢？

（一）"双向"策略

1. 动静转换

动和静是表现事物状态的两个侧面，它们相比较而存在，依情况而转化，动中有静，静中寓动。在数学解题中，教师和学生常常用"动"与"静"的

---

① 刘加霞，申继亮. 国外教学反思内涵研究述评 [J]. 比较教育研究，2003（10）：30-34.

② 胡萨. 反思：作为一种意识：关于教师反思的现象学理解 [J]. 教育研究，2010（1）：95-99.

双向转换策略来处理数量或形态问题。用动态的观点来处理静态的问题谓之"动中求静"。比如，将常数看成变数的取值，将静止状态看成运动过程的瞬间；反过来，以静态的量或形来研究动态问题谓之"以静制动"。比如，用一个字母代替无限的、变动的取值，用同一个方程表示动点的轨迹等。变换法、局部调整法、递推法、交轨法等都体现了动静转换的策略。

2. 分合更替

分与合是任何事物构成的辩证形式之一。在数学解题中，教师和学生常常将求解问题分割或分解成多个较小的且易于解决的问题。这体现了由大化小、由整体化为部分、由一般化为特殊的解决问题的方法，其研究方向基本是"分"，在逐一解决小问题之后，还必须把它们总合在一起，这又是"合"，这就是分类讨论和整合的思想策略。有时也反过来，把求解的问题纳入较大的合成问题中，寓分于合、以合求分，使原问题迎刃而解。

3. 进退互化

顺势推进是人们认识事物或解决问题的自然过程。但是，这种过程有时不是平坦的，并不能直达目的，甚至进入"死胡同"，这时往往采用迂回策略，即以退求进，或先进后退才能达到目的。这种进退互化的迂回策略体现了解决问题的一种重要的辩证思维。

4. 正反辅助

从条件出发，借助已知模型或方法进行正面的、顺向的思考是教师和学生解题的常用思路，值得注意的是，事物本身总是呈现出一种相互依存、相互影响的关系，具有双向互动和可逆的特质。如果顺向推导难以进行，我们就逆向推导；如果直接证明难以得到结果，我们就逆向证明；如果正面求解不可行，我们就反向逆找。在实际应用场景中，逆向思考的方法包括但不限于分析法、逆推法、反证法、同一法、举反例等。

5. 高低相映

数学解题中，当遇到不熟悉的问题情境或是复杂的模型而不易着力时，教师或学生常常将之进行拔高或降低，使之与自身熟悉的研究对象建立联系，通过"以低映高"或"以高看低"来研究原问题。这是一种以转换的方式来间接解决问题的重要策略。其常见的做法是高维与低维（立体、平面问题的转化）、高阶与低阶（组合恒等式的变换）、高次与低次（等式两边的平方、开方的转换）的转化。

6. 放缩搭配

当数学问题中出现不等关系时，往往要用不等式的性质和一些结论来解决问题，放缩法作为一种重要的工具，具有不可替代的作用。通过放缩法能够有意识地对相关的数或式子的取值进行放大或缩小，以便更好地解决数学问题中大小的比较与不等式的证明等问题。在使用不等式的传递性放缩时，需要根据目标进行恰当的放大和缩小，否则无法实现同向传递。使用放缩法具有非常灵活的技巧，有时同一个问题中既要采用放大的方法，也要采用缩小的方法，注意将二者搭配使用。

7. 虚实反演

复数是随着数学自身和生产、科学的发展需要而在实数的基础上扩充的，其与实数有着密切的关系。因此，对于许多复数问题，如能依据其特征化虚为实，便能迅速找到解题的突破口，使问题获解。而有时数学问题中又含有实数对问题，或者具有长度和方向问题，则可以将实数问题转化为虚数问题来解决，这样可以起到事半功倍的效果。

解题旅途中有很多"路标"，这些"路标"代表了不同的行进"路径"，除了"动"与"静"，"分"与"合"，"进"与"退"，"正"与"反"，"高"与"低"，"放"与"缩"，"虚"与"实"外，还有"缓"与"急"，"内"与"外"，"繁"与"简"，"长"与"短"，"大"与"小"等。这些"两极"路径代表了不同的双向选择，如果选择合适，便将走得更畅、更健、更远。

（二）"多想少算"策略

1. 巧用定理，直捣黄龙

在某些数学问题求解中，恰当使用一些定理或重要结论往往能简化运算步骤，甚至能直接得出结论，收到奇效。

2. 数形结合，相得益彰

数形结合是重要的数学思想方法，应用非常广泛。在解题时，面对抽象的问题或较复杂的表述，要考虑是否能将"数"的问题用"形"来直观表达，或是将"形"的呈现用"数"来刻画，以此借助数与形的各自优势解题。

3. 特值代换，事半功倍

特值代换是"多想少算"的一种常见策略。在解决数学问题时，借助关键性的特殊值进行计算，可以考虑在特定条件下得出的结论是否具有可靠性。

4. 极限分析，直透本质

在对一些动态性问题的求解中，结合极限思想来分析问题的动态情况，通过深入探究问题中某些变量的变化规律以及某些变量之间的不变关系，能够更加全面地揭示问题的本质。运用极限分析策略有利于加深对问题的理解、寻找解题思路、发现问题结论和优化解题方法。

5. 语义转化，变向求解

语义转化策略类似于翻译，是将一种数学语言形式翻译成另一种数学语言形式或由一种形式意义翻译成另一种形式意义，是转化与化归思想的一种体现形式。在数学解题中，以问题的条件为依据开展语义转换，能够激活问题的背景空间，使得问题的求解转化为更加熟悉的模型，进而实现问题的变向求解。数形结合思想方法的应用本质上是对同一数学对象进行代数释义与几何释义的互补。

6. 换元消元，化繁为简

面对多元问题或具有复杂结构的变元问题，为了简化结构和便于运算，经常考虑先对问题中的变元进行换元或消元处理。

7. 分类整合，逐个击破

在对某些问题进行解答的时候，需要对不同的情况加以分类，并综合得到解决方案，这就是分类和整合的理念。

8. 合理猜想，直觉感知

在解题过程中，解题者有时会因为担忧而失去严密性和可靠性，从而导致思维僵化，解题过程过于复杂，效率不高。对于某些数学难题，解题者或许无须进行精密细致的推理，只要对其进行观察，并在之后开展略微的计算和关键点的筛选，即可得出答案。正如波利亚所说："自然科学，特别是数学中的新发现大都是从猜想、估计开始的……"[①]所以说，在面对某些数学客观问题时，教师应该培养学生观察、猜测、估计和直觉思维的能力，以便更好地解决相关问题。

---

① G·波利亚. 数学与猜想：第 1 卷［M］. 李心灿，译. 北京：科学出版社，1984.

三、数学概念教学策略

李邦河院士曾谈道："数学根本上是玩概念的，不是玩技巧，技巧不足道也！"[①]由此看出，数学概念对数学的支撑是何等重要。数学概念教学中，理解数学概念的内涵和外延、概念间的关系、下定义的方式，以及数学概念获得的方式，是保障概念教学有效性的前提。因此，下面先介绍一下数学概念的有关逻辑基础知识，在此基础上探讨概念教学的有效性问题。

（一）数学概念概述

1. 概念的定义

概念的定义是指准确、简洁、严密地揭示一个概念的内涵或外延的逻辑方法。

（1）定义的作用

对概念内涵加以说明的定义有着双重作用：第一，具有定义揭示的性质的对象一定属于定义表示概念所反映的对象（判别性）；第二，定义所反映的对象必须具有定义揭示概念的本质属性（性质性）。

（2）定义的组成

定义的组成成分包含三种，分别是被定义概念、联结项、已定义概念。

（3）概念定义的几种方式

常见的数学概念定义方式包括属加种差定义、外延性定义和描述性定义等。

① 属加种差定义。

属加种差定义即属概念加种差定义。它是初中数学概念最常用的定义方式，包括非发生定义方式和发生定义方式两种。

非发生定义方式指的是一种将被定义概念的特性与其最邻近的属概念相结合的定义方法。以"属概念 + 种差 = 被定义概念"作为公式。

发生定义方式是指由被定义概念最邻近的属于被定义概念的发生过程的定义方式。公式为"属 + $\underset{\text{种差}}{\underline{\text{被定义概念的发生过程}}}$ = 被定义概念"。

---

① 徐晓燕. 概念性理解与数学概念教学：基于数学任务设计的视角 [M]. 上海：上海教育出版社，2020.

② 外延性定义。

外延性定义即揭示概念的外延，是指明确被定义概念所反映对象的全体范围的定义方式。例如，整数和分数统称为有理数，有理数和无理数统称为实数。

③ 描述性定义。

描述性定义是指直接用简明、清晰的语言描述数学概念的属性的定义方式。

在同一体系中，概念与它的定义是不可分的。值得注意的是，概念是一种思维形式，定义是一种词语（名词）或符号的表述，两者之间是有差别的。此外，不是所有的概念都有定义，数学体系中不加定义的概念称为原始概念，又称初始概念。原始概念不能用更大的属概念来定义，如点、线、面、空间、集合、元素、对应等。

数学概念的定义方法要符合四条规则：定义要相称；定义不得循环，不能同义反复；定义要简明，不用比喻；定义一般不用否定形式。

2. 概念间的关系

通过对概念外延的重合情况进行观察研究，我们能够将两个概念细分为以下几种关系：同一关系、属种关系、交叉关系与全异关系。

（1）同一关系

若两个概念的外延直接表现为完全相同的关系，那么称两个概念为同一关系，或称为全同关系。通过相关研究，我们能够更为深入且全面地理解概念所涵盖的对象。在推理证明的过程中，同一关系的概念可以相互替换，从而使得论证更加简洁明了。另外，虽然两个概念的外延彼此完全重叠，但是其内涵却存在差异。

（2）属种关系

两个概念间是包含与被包含的关系，就称两个概念为属种关系，也称从属关系。其中，外延大的概念为属概念（或上位概念），外延小的概念为种概念（或下位概念）。比如，平行四边形与正方形概念是属种关系，其中平行四边形是属概念，正方形是种概念。

（3）交叉关系

两个概念的外延有且只有部分重合，就称两个概念为交叉关系。例如，等腰三角形和直角三角形概念属于交叉关系。

（4）全异关系

若两个概念的外延不存在任何重叠之处，则称为全异关系。全异关系又可划分为矛盾关系、反对关系。

在两个概念之间的关系中，同一关系、属种关系和交叉关系存在着相容关系，全异关系被叫作概念的不相容关系。如果我们将甲概念外延以集合 A 的形式呈现，将乙概念外延以集合 B 的形式呈现，那么概念间的关系如表 5-3-1 所示。

表 5-3-1　概念间的关系

关系	相容关系			不相容关系	
	同一关系	属种关系	交叉关系	矛盾关系	反对关系
图示	$A=B$	B A	A B	A B	A B

3. 数学概念的内涵与外延

概念是一种思维形式，它直接反映了事物的本质属性和特征。数学的概念也算是一种思维形式，它能够反映现实世界中存在的数量关系和空间形式的本质属性。数学基本概念是构筑数学理论大厦的基石，是学生学习数学的基础。学生对数学概念的理解与掌握的程度，在相当程度上决定了其对数学知识的理解和掌握程度。

概念的内涵和外延是其逻辑特征，现今我们所知的所有概念都是其内涵和外延有机结合的结果。值得注意的是，数学概念的组成成分一般包含以下几项：数学概念名称、数学概念定义、数学概念例证、数学概念属性。一般地，我们用集合 $\{x \mid p(x)\}$ 表示一个概念的外延，而其中 $p(x)$ 就是这个概念的内涵。需要基于合适的数学体系才能够对数学概念的内涵与外延加以认识。

（二）数学概念的获得

心理学研究表明，概念的获得包括概念形成与概念同化两种方式。数学概念的获得对应有两种方式，即数学概念的形成与数学概念的同化。

1. 数学概念的形成

概念形成就是从大量同类事物的不同例证中发现同类事物的本质属性，从而形成概念的过程。因此，数学概念的形成实质上是从一类数学对象中抽象出其共同本质属性的过程。

数学概念形成的一般过程如下。

① 辨别实例，概括属性。辨别一类数学对象的不同例子，并概括出各例的共同属性。

② 抽象本质，提出假设。抽象出各个例子的共同的本质属性，提出关于属性的假设，并加以检验。

③ 联系旧知，区分概念。把本质属性与原认知结构中的适当的知识联系起来，使新概念与已知的有关概念区别开来。

④ 推广应用，明确外延。把新概念的关键属性推广到同类事物中，以明确它的外延。这既是一个在更大范围内检验和修正概念定义的过程，又是一个应用概念的过程，让学生真正理解概念的本质特征。

⑤ 重组结构，符号表达。扩大或改组原有数学认知结构，用习惯的形式符号表示新概念，把符号与它所代表的实质内容联系起来，使得学生在看到符号时就能联想起符号所代表的概念及其本质特征。

数学概念形成的一般过程如图 5-3-2 所示。

图 5-3-2 数学概念形成的一般过程

2. 数学概念的同化

通过对学生认知结构中原有概念加以利用，促使概念同化，能够直接借助定义这种方式揭示概念的本质属性，从而使学生更深入地理解概念。数学概念的同化就是为了促使学生在学习新知识时，将其与原有的数学认知结构中相应的部分进行联系，从而实现新旧知识之间的互动与交流，把新知识纳入原有的知识结构，从而扩大知识结构的方法。

通常情况下，我们认为数学概念的同化有以下几个步骤。

① 提供一个定义，揭示其属性。揭示数学概念最为重要的属性，包括

其定义、命名和符号，是我们需要深入探究的核心问题。

② 明晰相关概念，重点表现出其本质特征。我们需要对相关概念进行分类，并深入探讨其中的各种特例，以凸显其本质特征，进一步明确其内涵和外延。

③ 与已掌握的知识加以联系，同化概念。尽管新概念与已有认知结构中的部分观念存在关联，但将其融入已有的数学概念体系中，以同化新概念，仍是必要的。

④ 加强应用能力，对概念进行差异化处理。通过运用肯定和否定的例子，使学生能够区分新概念与已有认知结构中相关概念的差异，从而与原有认知结构中的某些概念区分开来。

⑤ 将不同的概念融合在一起，形成一个有机的整体。将新的概念融入与之契合的数学概念体系之内，以实现相关概念的相互渗透和融合，从而形成一个有机的整体。

数学概念同化的一般过程如图 5-3-3 所示。

图 5-3-3　数学概念同化的一般过程

（三）数学概念教学的有效性

1. 数学概念教学有效性的影响因素

数学概念教学的有效性受到多种因素的影响，包括但不限于以下四个因素。

① 学生本来拥有的认知结构。

② 有关新概念的感性素材和知识经验。

③ 学生所具备的概括抽象能力。

④ 学生在数学领域的言语表达能力。

保障数学概念教学有效性最关键的是要准确揭示概念的内涵和外延，使学生深刻理解概念，牢固掌握概念，灵活运用概念。

2. 数学概念教学有效性的维持措施

数学概念教学的一般过程包括概念的引入、形成、辨析、应用等，在这个过程中要重视采取以下有效措施。

（1）重视数学概念的引入

在学习新概念的过程中，首要任务是让学生深刻认识到学习的必要性，包括明确概念的内涵、理解其作用，以及激发学生学习的内在动力。一般而言，新概念的引入方式可归纳为两大类：一类是在学生已有概念的基础上引入全新的概念；另一类是将感性材料作为基础，或者从解决实际问题的需求出发，引入全新的概念。

学生所掌握的知识也能够作为引入新概念的直观背景材料存在，虽然其本身也是抽象的，但已为学生熟知，因此也具有相对直观和具体的特点。特别是在数学概念之间存在的逻辑关系，在一定程度上为引入新概念提供了基础，通过分析概念之间的逻辑关系，可以明晰引入概念的必要性和合理性。

许多数学概念在初中阶段就已经融入了丰富的现实背景，这不仅有助于学生深入了解数学的作用，也为引入数学概念提供了丰富的素材。在教学过程中，教师应当积极引导学生通过观察实物、图示、模型等直观感性素材，深入分析日常生活和生产劳动中的实际实例，了解其本质属性，将全新的数学概念融入其中。比如，在引入"平行线"这一概念时，可以为学生提供一些熟悉的实例，例如两条笔直的铁轨或同一墙面上的两条墙角线等，从而让他们更直观地认识"平行线"的概念，然后引导学生提炼出"平行"的本质属性，逐步抽象出"平行线"的概念。另外，也可以通过实际实例，提出数学问题，通过解决这些实际问题来引入新概念。例如，负数概念可以从收入与支出、输球和赢球、盈利和亏本等实际问题引入。

（2）重视数学概念的获得

数学概念教学中，经常有重结果轻过程、"掐头去尾烧中段"的现象，教师关注概念背景和应用不够，对数学概念的形成过程不重视，导致学习过程不完整。因此，开展数学概念的有效教学需建立在学生的生活经验和数学现实的基础上，重视概念的获得过程。前面提到，数学概念的获得有概念的形成和概念的同化两种形式，教师要根据数学概念的具体内容和学生情况选择合适的方式，并且在教学的过程中分别遵守其一般过程。

（3）重视数学概念的理解

首先，在概念教学中，理解数学概念十分重要，因为只有准确理解数学概念的内涵和外延，才能真正掌握其精髓。在实际的教学过程中，由于缺乏对内涵的深刻理解，学生常常面临学习和理解上的重重困难和误区。学生难以区分概念的固有属性，而将非固有属性视为其内在含义。数学活动经验的不断积累，使得外延与内涵相互交织，因此，学生理解概念的外延常常比理解概念的内涵更加困难。其次，深入探究概念的渊源和发展历程，以确保对概念的准确运用。最后，必须确保学生理解概念之间的相互关系，掌握相关概念之间的逻辑联系，以便对概念进行分类，从而形成一个完整的概念框架。为了确保学生对概念内涵的深刻理解，教师应当提供更多的概念类别实例，以便进行比较和类比。

学生对数学概念的真正理解还建立在自身的体验和对新概念的内化上。对数学概念的理解，不同学段的学生理解的方式有所不同，中学生对数学概念的理解借助自身的经历和已有知识基础相对更容易，而小学生对数学概念的理解更需要教师的引导，尤其需要在数学活动中体验和建构。

（4）重视数学概念的表述

重视数学概念的表述就是要准确地掌握概念的定义、名称、符号、图形、文字表述和口头表述。重视数学概念的表达有利于培养学生的数学表达能力，促进交流与传播数学思想，对于激发学生的思维能力而言，具有至关重要的意义。除原始概念外，作为逻辑严谨的数学概念，每一个概念都有严格的定义，它是数学严谨性、抽象性、应用性的前提与基础。同时，它是言语的或符号的命题。形式化语言（尤其是使用符号语言）的叙述必须能够反映概念的本质属性和这些属性结合的规则。

（5）重视数学概念的运用

数学的运算、推理和证明是建立在相关概念的基础上的，这些概念的应用对于数学的发展至关重要。概念的应用过程是一种从抽象到具体的转化的过程，其难度甚至超过了其逆向过程。通过运用概念，学生可以对所学的概念进行深化，从而提升认知水平；进一步推进数学概念的发展，有助于更深入地理解数学概念之间的相互关系，使各个概念在运用过程中形成概念体系；能强化学生应用数学概念的意识，提高数学化意识和强化概念解题意识。

参考文献

［1］潘超. 数学有效教学的理论与实践［M］. 成都：四川大学出版社，2016.

［2］扈希峰. 基于深度学习的高中数学教学设计研究［M］. 长春：吉林人民出版社，2021.

［3］单凤美. 高中数学教学方法研究与实践［M］. 天津：天津科学技术出版社，2018.

［4］于利合. 核心素养理念下的高中数学教学策略［M］. 长春：吉林人民出版社，2019.

［5］赵云平. 数学有效教学的理论与实践［M］. 长春：吉林科学技术出版社，2020.

［6］叶立军，马茂年，何杭杰. 高中数学有效教学的理论与实践［M］. 北京：科学出版社，2014.

［7］乐兴贵. 高中数学课堂教学策略研究［M］延吉：延边大学出版社，2019.

［8］张健. 高中数学课堂教学的实践与反思［M］. 哈尔滨：哈尔滨工业大学出版社，2021.

［9］汤强. 实践取向的高中数学教学研究［M］. 成都：西南交通大学出版社，2021.

［10］童其林. 高中数学教学的若干思考［M］. 哈尔滨：哈尔滨工业大学出版社，2016.

［11］顾国华. 核心素养下图式理论在高中数学教学中的应用探究［J］. 理科爱好者，2022（6）：72-74.

［12］邓丕猛. 新课标下的高中数学课堂教学实践［J］. 广西教育，2018（2）：44；48.

［13］柯昌辉. 新课标下高中数学的教学实践与探究［J］. 科幻画报，2018（6）：81；83.

[14] 曹小燕. 高中数学教学中生活教育理念的创新应用探索［J］. 成才之路，2022（35）：133-136.

[15] 吴伟清. 高中数学教学中学生创新素质培养策略［J］. 现代农村科技，2022（12）：85.

[16] 赵程程. 关于新课标下高中数学教学的实践［J］. 高考，2021（32）：105-106.

[17] 王炜婷. 新课标下高中数学解题策略教学的实践［J］. 数学大世界（中旬），2021（2）：69.

[18] 徐玉燕. 基于核心素养的高中数学课堂教学实践［J］. 考试周刊，2021（12）：83-84.

[19] 肖欢. 数学素养视角下高中数学课堂有效教学现状与对策研究[D] 赣州：赣南师范大学，2020.

[20] 温佳赢. 促进深度学习的高中数学教学策略研究［D］. 南昌：东华理工大学，2022.

[21] 刘明明. 基于深度学习的高中数学概念课教学探究［D］. 昆明：云南师范大学，2022.

[22] 黄燕晓. 基于数学学科核心素养的高中单元教学实践研究［D］洛阳：洛阳师范学院，2022.

[23] 钟美丽. 高中数学课堂有效教学策略的研究［D］. 重庆：西南大学，2022.

[24] 王小檐. 基于高中教师对数学核心素养认识的教学策略研究［D］. 赣州：赣南师范大学，2021.

[25] 周小华. 基于有效教学理论的高中数学课堂教学设计研究[D]. 南昌：东华理工大学，2018.

[26] 刘印平. 学科核心素养视角下的数学思想方法教学研究［D］. 南昌：江西师范大学，2021.

[27] 王粉粉. 新课程背景下高中数学高效课堂教学策略探究［D］. 延安：延安大学，2016.

[28] 王一帆. 新课程背景下高中数学教学模式分析［D］. 信阳：信阳师范学院，2015.